Architextes

Architextes

H. JAY SISKIN
Brandeis University

DAVID A. FEIN
University of North Carolina, Greensboro

Holt, Rinehart and Winston
Harcourt Brace College Publishers
Fort Worth   Philadelphia   San Diego   New York   Orlando   Austin   San Antonio
Toronto   Montreal   London   Sydney   Tokyo

VP/Publisher	Rolando Hernández-Arriessecq
Developmental Editor	Nancy Pratt Siegel
Project Editor	Pam Hatley/Tashia Stone
Senior Production Manager	Ann Coburn
Senior Art Director	Jeanette Barber
Photo Researcher	Judy Mason

ISBN: 0-15-502579-1
Library of Congress Catalog Card Number: 96-77228

Cover image: Ruins in Arles, France © 1996 Photodisc, Inc.

Address for Editorial Correspondence:
Harcourt Brace College Publishers
301 Commerce Street, Suite 3700
Fort Worth, TX 76102

Address for Orders:
Harcourt Brace & Company
6277 Sea Harbor Drive
Orlando, FL 32887-6777
1-800-782-4479 (outside Florida)
1-800-433-0001 (inside Florida)

Preface

Architextes is a beginning literary reader intended to supplement the first- and second-year program. While elementary language courses typically focus on the acquisition of language skills, carefully selected texts can greatly enhance the study of a language. Even at the elementary level, such texts can introduce students to the subtleties and complexities of literary discourse, acquaint them with some of the cultural characteristics embedded in the text, and provide them with exemplary models of linguistic usage. Just as importantly, they afford students the exceptional sense of accomplishment that comes from reading, understanding, and appreciating a work of literature written in an unfamiliar language. We are aware that the task is always challenging, often frustrating (for teachers as well as students), and that many, indeed most, literary texts will simply exceed the reading ability of even the best prepared and most highly motivated student. Nevertheless, we believe that many poems, short stories, and even excerpts from plays and novels can, with proper guidance and encouragement, be brought within the grasp of the average student who is willing to expend a little effort and who is not overly frustrated by his or her inability to understand every word on the first or even the second reading.

With this in mind, through carefully graded selections and activities, the authors seek to:

- develop students' repertory of reading strategies
- increase students' lexical resources
- introduce students to basic literary concepts, such as genre and versification, and to an elemental critical vocabulary
- reinforce knowledge of linguistic structure
- relate reading to other skills, such as speaking, listening, and writing
- familiarize students with literary and cultural *points de repères* for both advanced language and literary studies, as well as for a broader humanistic education

Each chapter of the textbook is composed of one text or several texts by a single author or representing a particular *genre*. These multiple texts include poems or shorter excerpts from a longer work. The texts are arranged according to the approximate level of difficulty. In our selection of the texts, we have provided:

- texts that are linguistically/intellectually accessible
- coverage of centuries and genres, including a variety of historical, cultural, and psychological viewpoints
- coverage of the Francophone world, including women, minority, and non-canonical authors
- texts that are within the repertory of an educated French person's cultural frame of reference
- texts that illustrate characteristic elements of French culture

Each chapter begins with a brief introduction in English to the life and works of the author with the goal of situating the work chronologically, culturally, and historically. The following section, *Fondements de la lecture,* provides pre-reading exercises to activate students' knowledge of language *(base lexicale, base structurale),* culture *(base culturelle),* reading strategies *(base stratégique),* or literary form *(base générique, base thématique).* Early chapters focus on limited production exercises (fill-in-the-blank, multiple choice, yes/no, either/or, grid, or checklist formats). Later chapters contain activities that encourage longer units of discourse and the production of more complex linguistic structures.

Following the text, a post-reading section *(Construction du sens)* first checks comprehension and then follows with exercises to enhance students' appreciation of the work as a *literary text.* The last section, *Pour aller plus loin,* expands upon the themes introduced in the previous section (character development, reader reception, etc.) and relates them to other skills. For example, students may be asked to introduce variations, create alternative endings, or justify a particular point of view.

Aside from the introduction to the life of the author, all activities are in French, with English translation provided where necessary.

A cassette containing recordings of most of the texts accompanies the book. In class, use of the cassette will enhance students' aural appreciation of poetry and folk tales.

Acknowledgments

I would like to thank my parents David and Frances Siskin and my brother, Jan Siskin, for help and support during the writing process. I would especially like to thank Gregory P. Trauth for his guidance and encouragement throughout the project. I am also extremely grateful to Charles Fineman of the Widener Library of Harvard University for his help. Finally, thanks to my friends who stood by me over the past two years: Barbara K. Altmann, Robert L. Davis, Mark Knowles, Cheryl L. Krueger, Lise Nathan, Stephen L. Newton, Laurence Rico, Timothy Scheie, Judi Soderstrom, Don and Emily Spinelli, and Julie A. Storme.

H.J.S.

I would like to recognize the friends and colleagues who have inspired and influenced my teaching over the years, and who have thus contributed indirectly to this book: Roberto Campo, William Goode, Jean-Paul Koenig, Kathleen Mather, Jane Mitchell, and Roch Smith. Despite differences of approach, they all share a common passion for teaching, and a profound respect for the French language. I am deeply grateful (as always) to my wife, Rita, for the unfailing support and encouragement that she provided throughout this project.

D.A.F.

The authors would like to acknowledge Jim Lee and Bill VanPatten's image of the Instructor as architect as the source of our book's extended metaphor[1]. We are grateful to them for their inspirational discussion.

Reviewers

Jayne Abrate	University of Missouri, Rolla
Laura Anderson	Arkansas State University
Patricia Brand	University of Colorado
Hope Christiansen	University of Arkansas, Fayetteville
Teresa Cortey	Glendale College
James Davis	University of Arkansas, Fayetteville
Donald Dziekowicz	University of St. Thomas (St. Paul, MN)
Salvatore Federico	Arizona Institute of Business and Technology
Richard Frautschi	Pennsylvania State University
Marie T. Gardner	Plymouth State College
Françoise Gebhart	Ithaca College
Bette Hirsch	Cabrillo College (Palo Alto, CA)
Christine Hoppe	University of New Hampshire
Nelson de Jesus	Oberlin College
Karen Kelton	University of Texas, Austin
Jean Knecht	Texas Christian University
Patrick Moreno	Wesleyan College (Macon, GA)
Sandy Obergfell	University of North Carolina, Asheville
Valerie Prill	David Lipscomb University
Marjory Smith	Northwestern Michigan College
Sandra Soares	University of Wisconsin, River Falls
David Uber	Baylor University
Garrett Welch	West Texas A & M University

[1] In *Making Communicative Language Teaching Happen,* New York: McGraw-Hill, Inc., 1995, pp. 14–16.

Holt, Rinehart and Winston may provide complimentary instructional aids and supplements or supplement packages to those adopters qualified under our adoption policy. Please contact your sales representative for more information. If as an adopter or potential user you receive supplements you do not need, please return them to your sales representative or send them to:

Attn: Returns Department
Troy Warehouse
465 South Lincoln Drive
Troy, MO 63379

Introduction

What is Architextes?

Welcome to *Architextes.* In this book, you will be introduced to French and Francophone literature through short selections from traditional and non-traditional authors and sources. As you work through each chapter, you will be asked to construct a text's meaning. Your knowledge of French and American language and culture, as well as your experience as a reader, will provide the foundation. Tools and building blocks—in the form of exercises to solidify and increase knowledge of vocabulary, grammar, culture, and reading strategies—will be provided to you in the pre-reading activities. Exercises following the reading will "cement" your understanding of the text. Finally, additional oral and written activities will test your newly-built structure in different formats and contexts. In the section below, we present you with a "blueprint" for this book, explaining its various components in greater detail. We also give you opportunities to analyze language and reading in anticipation of the activities you will be asked to perform in the rest of this textbook.

Think About It . . .
What constitutes literature? What makes literature "classic"? What is a "masterpiece"? How does written language differ from spoken language? What might make a text more difficult to understand than a conversation?

Sur l'auteur...

This section introduces you to the life and literary output of the author, as well as to significant historical or personal events that may have shaped his/her thoughts and attitudes.

Think About It . . .
Which author do you enjoy reading? What do you know of his/her life? Did any event or circumstance influence his/her writing? How?

Fondements de la lecture

In this section, you will use your knowledge of language and culture and your reading skill to establish a foundation to support new knowledge. Each *base* asks you to use what you know about a topic either to recognize and produce new forms, or to hypothesize and predict. In the first case, there will be a specific, correct answer; in the second, a preliminary hypothesis will be tested and modified over the course of the chapter.

Base lexicale

The goal of this section is to enrich your vocabulary through strategies such as cognate[1] recognition and the use of prefixes and suffixes to recognize and create new words. You will also be investigating word families and connotations through associations.

Try It Out . . .

Prefixes and suffixes often reveal the meaning of a word we may not have seen before. If the word *oblivion* means "the state or condition of being completely forgotten," what do the derived forms *oblivious, obliviousness,* and *obliviously* mean? If the "dipsas" was a mythological serpent whose bite was supposed to produce great thirst, what is dipsomania[2]? What is a dipsomaniac? What does dipsomaniacal mean?

Think about the words "chicken soup." What other associations do you have with this food? Are they positive or negative? Do they fall into specific categories—feelings, cuisine, remedies? Which of these categories might help you anticipate the content of a recent book entitled *Chicken Soup for the Soul?*

Base culturelle

Architextes contains texts from a variety of Francophone cultures and historical time periods. In this section, you will be exploring the geographical, historical, and "everyday" cultural information that will enhance your understanding of a text's composition.

---

[1] Words that have similar forms and meanings in French and in English.
[2] An insatiable, often periodic craving for alcoholic liquors. Definitions from the *American Heritage Dictionary*, Boston: Houghton Mifflin.

> **Try It Out . . .**
> Imagine that you are conducting a naturalization class for recent immigrants to the United States. You would like them to become acquainted with some important texts, such as the Declaration of Independence, the Gettysburg Address, or Roosevelt's Pearl Harbor speech. What would they have to know about history, geography, or social conditions so that these texts would make better sense to them?

Base structurale

The grammar of a language provides the tools for carrying out a variety of linguistic functions: narrating, describing, persuading, and so on. The goal of this section is to enhance your reading ability by enabling you to associate grammatical form with meaning.

> **Try It Out . . .**
> Consider the following two sentences:
>
>   (1) His father presents the gifts to him with eagerness.
>   (2) He eagerly accepted the presents offered to him by his father.
>
> • Which part of the word *eagerly* tells us that it refers to the manner in which the present was accepted?
> • What tells us that the word *presents* talks about an action in sentence (1), but refers to things in sentence (2)?
> • What tells us that *his father* is the subject of sentence (1) and the agent in sentence (2)?
> • To summarize, what is the meaning of the suffix *-ly?* the definite article? the preposition *by?*

Base générique

The *genre* of a text refers to its purpose, content, and organization. Common genres include the novel, the short story, and poetry. A genre often sets up certain expectations as we read. Thus, knowledge of a genre helps us interpret language and anticipate content. In this section, you will explore and expand your understanding of genre.

> **Try It Out . . .**
> What expectations (form, length, content, level of difficulty) do you have of poetry? of a novel?

Base thématique

By identifying the theme of a text, you will be able to anticipate vocabulary and content. To help you towards this goal, this section contains exercises that ask you to create word associations and predict topics.

> **Try It Out . . .**
> To illustrate how your knowledge of theme will enable you to predict vocabulary and content, do the following exercise.
>
> In small groups, list five words and three topics that you would most likely find in a love poem. As a class, compare your lists. How many words and topics were repeated by each group?

Base stratégique

When we read, we use various strategies, depending on the type of text and our purpose in reading it. Consider how you read a newspaper. If you are reading the automotive section looking for ads for used Hondas, you will scan them looking for a bold-faced **HONDA** heading. If you are reading an article about recent seismic activity in California, you might skim it until you locate your particular interest in this topic. You might use titles or the first sentence of a paragraph to help you locate this area of interest. Photos and diagrams accompanying the article may pique your curiosity or bore you with scientific detail. Finally, as you read this article, you may run across words that you don't understand, such as *temblor* or *tectonic plate.* If you continue to read the article, these words may be defined or become clear through the discussion or the illustrations.

In reading the newspaper, you have used a number of strategies to make your reading more efficient or to establish meaning: scanning, skimming, contextual cues, titles, key words, and illustrations. These strategies will prove valuable as you read in French. The goal of the *Base stratégique* is to help you identify and practice the most useful strategies for reading a particular text.

Try It Out . . .

- How might your reading of a poem differ from that of a short story? In which type of reading would the understanding of each word be more important? In which type of reading might you use the skimming strategy?
- Scan the titles in the table of contents of *Architextes.* Locate the following: a text that probably deals with American history; a poem that has the theme of thanking; a poem that has the theme of death; texts that deal with animals.
- Read the following passage from Virginia Woolf's *Orlando.*[3] Try to use the surrounding context to guess the meaning of the words in italics.

Orlando, it is true, was none of those who tread lightly the *coranto* and *lavolta*; he was clumsy; and a little absent-minded. He much preferred the plain dances of his own country, which he had danced as a child to these fantastic foreign measures.

- In this next passage from *Orlando,* you will most likely encounter a number of words you do not know. Identify these words and decide whether you need to determine their meaning in order to make sense of the passage.

Near London Bridge, where the river had frozen to a depth of some twenty fathoms, a wrecked wherry boat was plainly visible, lying on the bed of the river where it had sunk last autumn, overladen with apples. The old bumboat woman, who was carrying her fruit to market on the Surrey side, sat there in her plaids and farthingales with her lap full of apples, for all the world as if she were about to serve a customer, though a certain blueness about the lips hinted the truth.

Texte

Try to read each text assigned two or three times before class. The first time, you should read through for global understanding, without using the end vocabulary or a dictionary. Try to get a general idea of the content and direction of the text. On your second pass, read the text more carefully, paying greater attention to detail. Underline unfamiliar words whose meaning seems crucial for understanding. Remember

[3] Virginia Woolf, *Orlando: A Biography,* New York: Quality Paperback Book Club, 1993.

that especially when reading prose, you usually do not need to know the meaning of every single word to understand a passage. As you reach the end of a section, go back and look up the definition of only those words whose meaning has not become clear through the context.

Finally, read through the text a last time to make sure that you have understood it and to gain confidence in your reading skills. You may wish to look over the exercises in the *Construction du sens* section before you perform your last reading in order to focus your attention on important themes and details.

Construction du sens

This section helps you to assess your understanding of the text through a series of exercises. In general, these exercises begin by checking your comprehension of broader themes and major events. Successive exercises focus on important details. You may wish to look at these questions before reading the text. This will enable you to anticipate the content of a passage or to choose an appropriate reading strategy.

Try It Out . . .
In what different ways can a text be understood? In what types of texts might it be more important to understand the main ideas? the details? In what types of texts might it be better to focus on the actions? the descriptions? the images?

Pour aller plus loin

In this section, you will be asked to think more about a text, to talk or write about your reaction to it, to analyze its literary form, to speculate as to the circumstances that may have accompanied its composition, or to imagine how it might be continued. These activities will provide additional opportunities to develop your language and literary skills.

Table des matières

We have attempted to order the selections in *Architextes* based on the level of difficulty, beginning with texts that have high frequency vocabulary items and grammatical structures encountered early in language study. The notion of difficulty is relative, of course, and depends also on the student's background knowledge, level of ability, interest, and motivation. High frequency structures may mask higher order propositions; conversely, a technical text may be easier for a specialist. Thus, an American history enthusiast may find the de Tocqueville text "easier" than a Vivien poem, despite the latter's relatively restricted vocabulary and grammatical structures. For this reason, we have conceived of the chapters of *Architextes* as freestanding units that may be taught in the order that corresponds best to the background, level, and interests of a particular class.

The following table gives a general overview of the reading selections for planning purposes. Indications of level, vocabulary frequency, and range are approximations.

Key:

Level of difficulty:	✓ easier	✓✓ moderate	✓✓✓ more difficult
Vocabulary:	■ higher frequency items	❑ lower frequency items	
	● extensive vocabulary	○ restricted vocabulary	

Text	Genre	Time frame	Level of difficulty	Vocabulary load	Important grammatical structures
Verlaine, *Ariette oubliée; Chanson d'automne; Complainte*	poetry	nineteenth century	✓	■ ○	present tense, *passé composé;* irregular verbs
Vivien, *Roses du soir*	poetry	nineteenth–twentieth century	✓	■ ○	present tense; irregular verbs; present participle

Text	Genre	Time frame	Level of difficulty	Vocabulary load	Important grammatical structures
Vivien, *«I've been a ranger»*	poetry	nineteenth–twentieth century	✓	❏ ○	present tense
Dadié, *Je vous remercie mon Dieu*	poetry	twentieth century	✓	■ ○	present tense (+ *depuis*), *passé composé*
Maupassant, *La Chanson du rayon de lune*	poetry	nineteenth century	✓	❏ ○	present and imperfect tenses; reflexive verbs; direct and indirect object pronouns
Burniaux, *Pense à la folie*	poetry	twentieth century	✓	■ ○	present, imperfect, conditional tenses; imperative; *en*
Carême, *Je suis éternel*	poetry	twentieth century	✓	■ ○	present and imperfect tenses; irregular verbs; *en*
Apollinaire, *Le Pont Mirabeau*	poetry	twentieth century	✓	■ ○	present, imperfect, present subjunctive tenses
Prévert, *Jeune Lion en cage*	short story	twentieth century	✓	■ ●	present, *passé composé*, imperfect, conditional, *plus-que-parfait* tenses; pre- and postposed adjectives

Text	Genre	Time frame	Level of difficulty	Vocabulary load	Important grammatical structures
Rimbaud, *Le Dormeur du val*	poetry	twentieth century	✓✓	❑ ○	present and conditional tenses; present participle; inversion of subject and verb
Garmadi, *Conseils aux miens pour après ma mort*	poetry	twentieth century	✓✓	■ ○	present, future, imperfect, *passé simple* tenses; imperative; present participle; direct and indirect object pronouns; *y; en*
Saint-Exupéry, *Le Petit Prince*	novel (excerpt)	twentieth century	✓✓	■ ●	present, imperfect, future, *passé composé, passé simple* tenses; direct and indirect object pronouns; adverbs
Le Conte antillais, *Compère Lapin et le Grand Diable*	folklore	traditional	✓✓	■ ●	present, imperfect, future, conditional, *passé simple* tenses

Text	Genre	Time frame	Level of difficulty	Vocabulary load	Important grammatical structures
Roy, *La Maison qui s'envole*	short story (excerpts)	twentieth century	✓✓	■ ●	present, imperfect, conditional, *plus-que-parfait, passé simple*, future tenses; direct and indirect object pronouns; adjectives
Carrier, *Une Abomi-nable Feuille d'érable sur la glace*	short story	twentieth century	✓✓	■ ●	present, imperfect, *passé simple, plus-que-parfait*, future, conditional tenses; direct and indirect object pronouns
Duras, *Moderato cantabile*	novel (excerpt)	twentieth century	✓✓✓	■ ●	present, imperfect, future, *passé simple, plus-que-parfait* tenses; direct and indirect object pronouns; conjunctions
Labé, *Je vis, je meurs*	poetry	sixteenth century	✓✓✓	❏ ○	present tense; middle French constructions and spelling

Text	Genre	Time frame	Level of difficulty	Vocabulary load	Important grammatical structures
La Fontaine, *La Cigale et la fourmi; Le Corbeau et le renard*	fables	seventeenth century	✓✓✓	❏ ○	present, imperfect, *passé simple* tenses; direct and indirect object pronouns; present participle; *en*
Perrault, *Le Petit Chaperon rouge*	fairy tale	seventeenth century	✓✓✓	❏ ●	present, imperfect, *passé composé, passé simple,* future tenses; present participle; direct and indirect object pronouns; *y; en;* archaic syntax
Le Conte médiévale, *Du Vilain et de l'oiselet*	*conte*	Middle Ages	✓✓✓	❏ ●	present, imperfect, *passé composé, passé simple,* future, conditional, *plus-que-parfait,* past conditional tenses; imperative; direct and indirect object pronouns; *en*

Architextes

Paul Verlaine

"The Downpour," 1893, Paul Serusier. Oil on canvas, 73.5 cm × 60 cm. Musée D'Orsay, Paris, France. Photograph by Erich Lessing / Art Resource, NY.

Sur l'auteur...

One of the major nineteenth-century French poets, Paul Verlaine (1844–1896) began writing poetry as an adolescent and published his first volume at the age of twenty-two. Suffering from bouts of depression and frequent outbursts of rage, Verlaine frequented Parisian cafes where he drank heavily, often with disastrous results, and finally to the detriment of his health. He gained considerable notoriety as a **poète maudit** (*cursed poet*), before finally dying in a state of poverty and loneliness. Verlaine's reputation as a poet is based not on the intellectual depth of his poetry, but rather on his extraordinary ability to manipulate the musicality of the French language. His poetry, often characterized as impressionistic, has been set to music by Debussy, Fauré, and other composers, and continues to enjoy wide popularity a century after the poet's death.

Fondements de la lecture

Base culturelle

La poésie.   Aimez-vous la poésie? Quel(s) poète(s) préférez-vous? Pourquoi? Connaissez-vous des poètes français? Lesquels (*which ones*)? Avez-vous déjà écrit vos propres poèmes?

Base thématique

A. **Thèmes.**   De quels thèmes les poètes traitent-ils souvent? Considérez les titres des poèmes que vous allez lire: *Ariette* (Air) *oubliée*, *Chanson d'automne* et *Complainte*. Quels thèmes ces titres vous suggèrent-ils? Voici quelques possibilités: l'abandon, l'espoir, l'hostilité, la paix, la tristesse, la nature, ???

B. **La solitude.**   Comme vous l'avez peut-être deviné (*guessed*), ces trois poèmes de Paul Verlaine sont tous basés sur le thème de la solitude. On a l'impression que la solitude pour Verlaine est une expérience qui est à la fois agréable et pénible. Quelle est votre expérience de la solitude?

   1. Avez-vous un lieu spécial où vous allez quand vous voulez être seul(e)? Où?
   2. À quoi pensez-vous quand vous êtes seul(e)?
   3. Quand préférez-vous être tout(e) seul(e)?
   4. La dernière fois que vous avez fait une promenade tout(e) seul(e), où êtes-vous allé(e)?

Base lexicale

Classez.   Voici quelques mots tirés des trois poèmes de Verlaine que vous allez lire. Classez-les selon l'émotion évoquée.

peine, paisible, deuil, monotone, langueur, feuille morte, tranquille, s'ennuyer, blesser, pleurer, bercer

la tristesse	l'ennui	la paix

Base structurale

Les verbes irréguliers.   Identifiez l'infinitif des verbes en italique. Ensuite, identifiez un synonyme des verbes suivants: **se rappeler, partir, apercevoir.**

1. Il *pleure* dans mon cœur
2. Comme il *pleut* sur la ville
3. Je *me souviens* / Des jours anciens
4. je *m'en vais*
5. Un oiseau sur l'arbre qu'on *voit*
6. Qu'*as-tu fait?*

Parmi (*among*) les verbes ci-dessus, lequel est employé dans un sens figuré (*figurative sense*)?

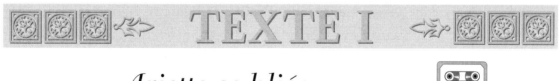

Ariette oubliée

Il pleure dans mon cœur*
Comme il pleut sur la ville.
Quelle est cette langueur°
Qui pénètre mon cœur?

languor, weariness

*pleurer—*to weep* (a play on words: **il pleure** is an invention of Verlaine, a poetic parallel to **il pleut** (*it rains*)

5   Ô bruit doux de la pluie
    Par terre° et sur les toits°!   **Par…** On the ground / roofs
    Pour un cœur qui s'ennuie°,   languishes
    Ô le chant de la pluie!

    Il pleure sans raison
10 Dans ce cœur qui s'écœure°.   **qui…** that feels sick
    Quoi! nulle trahison°?   treason
    Ce deuil° est sans raison.   mourning

    C'est bien la pire peine
    De ne savoir pourquoi,
15 Sans amour et sans haine,
    Mon cœur a tant de peine!

Chanson d'automne

    Les sanglots° longs   sobs
    Des violons
        De l'automne
    Blessent° mon cœur   wound
5   D'une langueur
        Monotone.

    Tout suffocant
    Et blême°, quand   pale, wan
        Sonne l'heure,

10 Je me souviens°
Des jours anciens
    Et je pleure.

Et je m'en vais
Au vent mauvais
15   Qui m'emporte
Deçà, delà°,
Pareil à la
    Feuille morte.

Je... I remember

Deçà... Here and there

Complainte

Le ciel est, par-dessus° le toit°,
    Si bleu, si calme!
Un arbre, par-dessus le toit,
    Berce sa palme.

over / roof

5   La cloche, dans le ciel qu'on voit,
    Doucement tinte°.
Un oiseau sur l'arbre qu'on voit
    Chante sa plainte.

chimes

Mon Dieu, mon Dieu, la vie est là
10   Simple et tranquille.
Cette paisible rumeur-là
    Vient de la ville.

> —Qu'as-tu fait, ô toi que voilà
>
> Pleurant sans cesse°,   **sans...** constantly
>
> 15   Dis, qu'as-tu fait, toi que voilà,
>
> De ta jeunesse?

Construction du sens

A. Questionnaire. Répondez aux questions suivantes.

Ariette oubliée
1. Trouvez cinq mots dans ce poème qui suggèrent la mélancolie.
2. Quel temps fait-il? À votre avis, c'est quelle saison?
3. À votre avis, où est Verlaine en ce moment? Comment se sent-il?

Chanson d'automne
1. Trouvez quatre mots dans ce poème qui suggèrent la souffrance.
2. Pourquoi le poète pleure-t-il? De quoi se souvient-il?
3. Trouvez cinq mots qui répètent la consonne *s*. (La répétition des consonnes s'appelle **l'allitération**.)

Complainte
1. À votre avis, où est le poète en ce moment? Que regarde-t-il?
2. À qui le poète parle-t-il à la fin du poème?
3. Le poète est-il jeune au moment d'écrire ce poème? Expliquez.

B. Les sens. Trouvez les mots qui évoquent les sens dans les trois poèmes.

l'ouïe *(hearing)*	le toucher	le regard	l'odorat

Pour aller plus loin

A. Apprenez et récitez! En travaillant avec un(e) camarade, apprenez par cœur le petit poème intitulé *Complainte*. Pour aider votre camarade, lisez les premiers mots de chaque vers et demandez-lui de le terminer.

MODÈLE: **Le ciel est...**
              Si bleu...

B. Écoutez bien! Écoutez l'enregistrement (*recording*) du poème *Ariette oubliée* sur la cassette. Ensuite, réécoutez et écrivez le mot qui manque à la fin de chaque vers (*line*).

Il pleure dans mon _____

Comme il pleut sur la _____ .

Quelle est cette langueur

Qui pénètre mon _____ ?

Ô bruit doux de la _____

Par terre et sur les _____ !

Pour un cœur qui s'ennuie,

Ô le chant de la _____ !

Il pleure sans _____

Dans ce cœur qui s'écœure.

Quoi! nulle trahison?

Ce deuil est sans _____ .

C'est la pire _____

De ne savoir _____ ,

Sans amour et sans haine,

Mon cœur a tant de _____ !

C. Faites travailler votre imagination! Choisissez l'un des trois poèmes, et imaginez les circonstances dans lesquelles Verlaine a écrit ce poème. Quel âge a-t-il? Où est-il au moment d'écrire le poème? À quoi pense-t-il? Quels sont ses problèmes? Comment se sent-il en ce moment? Qu'est-ce qu'il va faire après avoir terminé le poème?

D. L'impressionisme! La poésie de Verlaine est impressioniste, c'est-à-dire, avec très peu de mots, quelques petits détails bien choisis, il donne son *impression* d'une scène. Connaissez-vous quelques artistes impressionistes? Remplissez les blancs en complétant le nom de l'artiste. Les mots entre parenthèses pourraient vous évoquer leurs œuvres (*works*).

1. Edgar D_____ (le ballet, les chevaux)
2. Édouard M_____ (les pique-niques, les femmes nues)
3. Claude M_____ (les ponts, les jardins, les cathédrales)
4. Pierre-Auguste R_____ (les fêtes, les portraits)
5. Paul C_____ (les montagnes, les paysages [*landscapes*])

Renée Vivien

Que symbolisent les roses pour vous?

━━━━━━━━━━━ ❧✦❧ ━━━━━━━━━━━

Sur l'auteur...

Renée Vivien (1877–1909) is the pseudonym of Pauline-Mary Tarn. Of Anglo-American origin, Vivien was a mysterious and fascinating figure of the **Belle Époque**. Her poetry, published from 1901 to the time of her death, included translations of the Greek poet Sappho and original works inspired by an intense personal mysticism. She was a friend of the writer Colette and other emancipated women of the period, friendships that accounted for a rather scandalous reputation during her life. Tormented by the memory of a dead friend, her emotional pain appears to have caused her to starve herself to death.

TEXTE I

Fondements de la lecture

Base lexicale

A. Roses. À quelles choses ou personnes associez-vous la rose? Et la couleur de cette fleur? Choisissez parmi les possibilités proposées ici. Ajoutez vos propres idées.

La rose:
- ☐ l'amour
- ☐ la femme aimée
- ☐ l'homme aimé
- ☐ la tranquillité
- ☐ l'été
- ☐ l'hiver

_____

_____

La couleur rose:
- ☐ le lever du soleil
- ☐ l'homme aimé
- ☐ la mer
- ☐ le brouillard
- ☐ le coucher du soleil
- ☐ la femme aimée
- ☐ le ciel

_____

_____

Quelles autres couleurs associez-vous aux choses ou personnes nommées?

B. Les mots apparentés. Quels mots en anglais sont apparentés (*related*) aux mots français suivants?

aspirer   _____

la beauté   _____

des cendres   _____

évoquer / évocateur   _____

Base structurale

Comparaisons. La comparaison a besoin de trois éléments: un comparé, un outil (*tool*) de comparaison et un comparant. Étudiez l'exemple suivant: **Ses lèvres sont rouges comme le sang**. Dans cette phase, **ses lèvres** est le comparé; **comme** est l'outil de comparaison; **le sang** est le comparant. Maintenant, créez vos propres comparaisons en utilisant les éléments suggérés ici.

Comparé	Outil de comparaison	Comparant
Le soleil	être comme	une tente bleue
La mer	ressembler à	une explosion de feu
Le ciel	sembler	un ballon orange
Le coucher du soleil	être pareil à	un pré vert
?	faire penser à	?

1. _____

2. _____

3. _____

4. _____

5. _____

■ La forme du verbe en -*ant* s'emploie pour expliquer les circonstances qui accompagnent une action. Dans le vers suivant, quel est l'état d'esprit de la personne qui attend?

    ...ne sachant trop ce que j'attends...

Pour réviser le participe présent, voir l'Appendice grammatical, page 173.

■ Précédée de la préposition **en,** cette forme du verbe exprime la simultanéité de deux actions. Dans le vers suivant, quelles sont les deux actions simultanées?

Et te voici venue en m'apportant des roses...

Roses du soir

Des roses sur la mer, des roses dans le soir,
Et toi qui viens de loin, les mains lourdes° de roses!   heavy
J'aspire ta beauté. Le couchant° fait pleuvoir   sunset
Ses fines cendres d'or et ses poussières° roses...   **ses...** its dust

5   Des roses sur la mer, des roses dans le soir.

Un songe° évocateur tient mes paupières° closes.   **rêve** / eyelids
J'attends, ne sachant trop ce que j'attends en vain,
Devant la mer pareille aux boucliers d'airain°,   **pareille...** like brass
Et te voici venue en m'apportant des roses...   shields

10   Ô roses dans le ciel et le soir! Ô mes roses!
           (*Évocations, I, 105; II, 61; Poèmes, 50*)

Construction du sens

A. Identifiez. Certains éléments ne sont pas identifiés dans le poème. Selon vous (*according
to you*),...

1. qui parle?   3. qu'est-ce qui arrive à la fin?
2. où est cette personne?   4. que représente la rose?

B. Des titres. Trouvez un titre pour chaque strophe.

C. Les sens. Quels sens sont évoqués par ce poème? Identifiez les mots qui suggèrent... .

1. des couleurs: _____

2. des odeurs: _____

3. des sensations tactiles: _____

D. Les comparaisons. Relevez toutes les comparaisons dans le poème. Lesquelles (*Which ones*) préférez-vous? Lesquelles vous semblent originales? frappantes?

TEXTE II

Fondements de la lecture

Base lexicale

A. Substantifs → adjectifs. En utilisant le dictionnaire, trouvez l'adjectif qui correspond à chaque substantif suivant et traduisez les deux termes.

MODÈLE: ivresse → **ivre**
                   drunkenness → ***drunk***

Substantif	Adjectif
clarté	
volupté	
saveur	
merveille	

B. Associations. Un substantif peut être lié (*linked*) à un autre substantif en employant la préposition **de**. Cette phrase a un sens possessif: **la volupté des nuits** = *the voluptuousness of the nights; the nights' voluptuousness.* Quel substantif de la colonne A peut être lié à quel autre substantif de la colonne B? Quel est le sens de la phrase? N.B.: Il n'y a pas une seule correspondance. Donnez libre cours à votre imagination!

A	B
la saveur	l'amour
la beauté	le jour
la clarté	l'ivresse
les vœux (*vows*)	les fruits
la langueur	les nuits

Base structurale

Le *faire* causatif. L'emploi d'une forme conjuguée du verbe **faire** devant un infinitif se traduit par *to make, to have something done.* Dans la première partie, vous avez vu l'outil de comparaison **faire penser à**. Analysez l'emploi de l'expression synonyme **faire songer à** dans les vers suivants:

> Et ta voix fait songer aux merveilleux préludes
> Murmurés par la mer...

« *I've been a ranger* »[1]

J. Keats

Tu gardes dans tes yeux la volupté des nuits,

Ô joie inespérée° au fond° des solitudes!   unhoped for / au... at the
                                                    depths
Ton baiser° est pareil à la saveur des fruits   kiss

---

[1]A reference to the poetic romance *Endymion* by the English poet John Keats (1795–1821). The full stanza reads: "Young stranger! / I've been a ranger / In search of pleasure throughout every clime: / Alas, 'tis not for me! / Bewitch'd I sure must be, / To lose in grieving all my maiden prime. (Book IV, ll. 273–278)

Et ta voix fait songer aux merveilleux préludes

5   Murmurés par la mer à la beauté des nuits.

Tu portes sur ton front° la langueur de l'ivresse,   forehead

Les serments° éternels et les aveux d'amour.   oaths

Tu sembles évoquer la fragile caresse

Dont l'ardeur se dérobe° à la clarté du jour   **Dont...** whose ardor hides

10   Et qui te laisse au front la langueur et l'ivresse.

(*Cendres, I, 107; li, 107*)

Construction du sens

A. La situation. Selon vous,...
   1. à qui ce poème est-il adressé?
   2. est-ce un amour physique ou spirituel? durable ou passager?
   3. le ton est-il optimiste? nostalgique? sensuel? cynique?

B. Les sens. Quels mots dans le poème suggèrent les sens suivants?

la vue	l'odorat	l'ouïe	le toucher	le goût

Pour aller plus loin

A. L'allitération et l'assonance[2]. Cherchez des passages où certains sons sont répétés, par exemple, les consonnes *r* et *p*, les voyelles nasales et les sons *ar* et *er*. Trouvez-vous d'autres exemples de ce jeu de sons?

---

[2]Il s'agit de la répétition des consonnes (**l'allitération**) et des voyelles (**l'assonance**).

B. La répétition. Trouvez des exemples des structures répétées, par exemple, la structure possessive analysée dans la **Base lexicale,** Exercice B, page 14, et la position des sujets et des verbes.

C. La suite. Qu'est-ce qui s'est passé le lendemain de cette rencontre? Ces deux personnes sont-elles restées ensemble? Se sont-elles éloignées? Pourquoi?

Bernard Dadié

Une scène en Côte d'Ivoire.

Sur l'auteur...

Bernard Dadié, poet, playwright, and storyteller, is the best-known writer from the Ivory Coast. Born in 1916, a member of the Agni Asanti ethnic group, he later became a Catholic, but always retained an interest in African folklore. He has held positions as a teacher and a museum director, and has served on the executive committee of UNESCO. He has written and directed numerous works of theater, emphasizing traditional African values and a deep respect for his African heritage.

Fondements de la lecture

Base culturelle

Connaissez-vous la Côte d'Ivoire?   Employez la carte et le petit passage historique qui l'accompagne pour répondre aux questions suivantes.

La Côte d'Ivoire

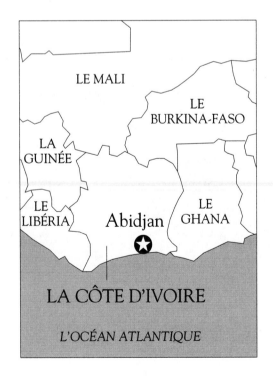

Superficie: 322 462 km², à peu près la taille du Nouveau-Mexique.
Population: 11 587 000.
Langues principales: Le dioula et le baoulé. Le français sert de langue officielle.
Capitale: Abidjan.
Gouvernement: République présidentielle.
Devise: Le franc C.F.A. (Communauté financière africaine).
Histoire: La colonisation française date de 1893. Le pays gagne son indépendance sans violence en 1960. Un régime à parti unique (le Parti démocratique de la Côte d'Ivoire) permet au Président Houphouët-Boigny de rester au pouvoir pendant plus de trente ans. Le multi-partisme est autorisé pour la première fois en 1990.

1. Situez la Côte d'Ivoire par rapport aux autres pays africains.
2. Comparez la population de la Côte d'Ivoire à celle de votre état ou de votre pays.
3. Pendant combien de temps la Côte d'Ivoire est-elle restée une colonie française?

Base thématique

La fierté.   Bernard Dadié montre dans ce poème qu'il est fier (*proud*) de sa race. De quoi êtes-vous fier (fière)? Choisissez un sujet de la liste suivante, et expliquez son importance dans votre vie.

MODÈLE: **Je suis fier (fière) de mon université parce qu'elle est très connue.**

1. votre famille
2. votre religion
3. vos ancêtres
4. votre état / région
5. votre université
6. votre pays

Base lexicale

A. **Les mots dans les mots.** Voyez-vous un autre mot dans les mots suivants? Utilisez les indications pour trouver un mot apparenté.

Verbe	Adjectif apparenté
apprêter	prêt, prête
rougir	
raccourcir	
rallonger	
Verbe	**Substantif apparenté**
former	la forme
satisfaire	
créer	

suite, page 20

Verbe	Substantif apparenté
rire	
remercier	
Substantif	**Adjectif apparenté**
l'épaisseur	épais, épaisse
le contentement	

B. **Merci!**   Le poète témoigne (*shows*) de sa reconnaissance pour plusieurs choses:

> Je vous remercie mon Dieu, de m'avoir créé Noir
> Je suis content de la forme de ma tête
> [Je suis] satisfait de la forme de mon nez

Si vous aviez à remercier Dieu, vos parents ou vos amis de quelque chose, qu'est-ce que ce serait? Complétez les phrases suivantes.

1. Je remercie [mes parents] de...
2. Je suis content(e) de...
3. Je suis satisfait(e) de...

C. **La forme du corps.**   Décrivez les personnes suivantes. Ensuite, dites de quels traits chaque personne est probablement contente et de quels traits elle ne l'est pas.

MODÈLE: Le Fantôme de l'Opéra
   Il a le dos bossu et il est laid.
   Il n'est pas content de la forme de son corps.

1. Le Président du pays
2. Votre joueur de basket (football, etc.) préféré
3. Votre chanteur/chanteuse préféré(e)
4. Une personne actuellement à la une (*currently on the front page*)

Base structurale

Depuis.   Une action qui a commencé dans le passé et qui continue dans le présent est exprimée (*expressed*) en français par le temps présent suivi de **depuis:**

> Et je porte le Monde depuis le premier matin.
> *And I have been carrying the world since the first morning.*

Je porte le Monde depuis l'aube des temps.
I have been carrying the world since the dawn of time.

Et vous? Quel fardeau (*burden*) portez-vous depuis longtemps? Quel devoir faites-vous depuis longtemps? Quelle situation vous donne de la peine depuis longtemps?

Je vous remercie mon Đieu

	Je vous remercie mon Dieu, de m'avoir créé Noir°,	**de...** for having made me Black
	d'avoir fait de moi°,	**d'avoir...** for having made of me
	la somme de toutes les douleurs,	
	mis sur ma tête,	
5	le Monde.	
	J'ai la livrée° du Centaure	livery
	Et je porte le Monde depuis le premier matin.	
	Le blanc est une couleur de circonstance°	**de...** for special occasions
	Le noir, la couleur de tous les jours	
10	Et je porte le Monde depuis le premier soir.	
	Je suis content	
	de la forme de ma tête	
	faite pour porter le Monde,	
	Satisfait	
15	de la forme de mon nez	
	Qui doit humer° tout le vent du Monde,	inhale
	Heureux	
	de la forme de mes jambes	
	Prêtes à courir toutes les étapes du Monde.	

20 Je vous remercie mon Dieu, de m'avoir créé Noir,

d'avoir fait de moi,

la somme de toutes les douleurs.

Trente-six épées ont transpercé mon cœur.

Trente-six brasiers° ont brûlé mon corps.   infernos

25 Et mon sang sur tous les calvaires° a rougi la neige,   wayside crosses

Et mon sang à tous les levants° a rougi la nature.   sunrises

Je suis quand même°   **quand...** even so

Content de porter le Monde

Content de mes bras courts

30   de mes bras longs*

de l'épaisseur de mes lèvres.

Je vous remercie mon Dieu, de m'avoir créé Noir,

Je porte le Monde depuis l'aube des temps

Et mon rire sur le Monde,

35   dans la nuit

crée le jour.

Construction du sens

A. Avez-vous compris?   Répondez aux questions suivantes.

1. De quoi le poète remercie-t-il Dieu?
2. Depuis quand porte-t-il le Monde?
3. Le noir est la couleur de quel jour?
4. De quoi le poète est-il content?
5. Qu'est-ce qui crée le jour?

*A play on words: **avoir le bras long** = *to have clout*

B. Testez. Testez votre vocabulaire en choisissant le mot qui convient. Ne regardez pas le texte avant de vérifier vos réponses!

1. Et je porte le Monde *pour / depuis* le premier matin
2. Je vous *salue / remercie* mon Dieu de m'avoir créé Noir
3. mon sang *a rougi / a blanchi* la neige
4. Je suis *souriant / satisfait* de la forme de ma tête
5. Trente-six *parapluies / épées* ont transpercé mon cœur

Pour aller plus loin

A. Analyse littéraire. Qui est le « je » dans ce poème? Est-ce que c'est le poète lui-même? Relisez en particulier les première et dernière strophes (*stanzas*).

B. Le portrait du poète. Comment est le poète, selon vous? Quels sont ses traits de caractère les plus importants? Faites son portrait moral.

C. Votre point de vue. Êtes-vous content(e) de votre vie? de votre corps? Que voulez-vous changer? Que ne voulez-vous pas changer? Pensez-vous que le secret du bonheur est d'accepter tout ce que la vie nous donne?

Guy de Maupassant

Quelles émotions cette scène évoque-t-elle?

Sur l'auteur...

Guy de Maupassant (1850–1893) is principally known for his short stories, which are often set in the countryside of Normandy and provide a nuanced analysis of society and human foibles. Later in his life, an element of the fantastic entered his work, a reflection of the decline in his mental state, characterized by hallucinations and an attempt at suicide. Although his later work is shot through with pessimism and despair, the poem you will read is a light-hearted evocation of nature.

Fondements de la lecture

Base lexicale

A. Mots dérivés. L'addition du suffixe *-eux* peut transformer un substantif en adjectif: le danger, *danger* → dangereux, *dangerous*. Transformez les substantifs suivants en adjectifs et traduisez-les.

1. la peur
2. le malheur
3. l'ombre (*shadow*)
4. l'écume (*foam*)
5. la joie

B. Associations. En utilisant le tableau suivant, classez les mots donnés en catégories: **les flots, l'eau, le tronc, les bois, la clarté, le rayon, écumeux, l'herbe, le chemin, les arbres, la dune, brillant, l'ombre.**

la forêt	la mer	la lune

C. Mouvements. Que signifient ces verbes de mouvement: **ramper, glisser, s'étendre, courir, grimper, errer, vaguer, heurter?** Cherchez leur signification dans le lexique si vous ne les reconnaissez pas. Ensuite, classez-les en utilisant le tableau. Parfois, un verbe peut correspondre à plusieurs catégories.

mouvement rapide	mouvement lent	mouvement saccadé *(jerky)*	mouvement continu *(smooth movement)*

Base générique

A. Une chanson. Vous allez lire un poème intitulé *La Chanson du rayon de lune*. Lesquelles des caractéristiques suivantes trouveriez-vous dans un poème avec ce titre?

☐ un refrain   ☐ une mélodie

☐ des mots répétés   ☐ des images

☐ un rythme bien marqué ☐ des vers de longueur variable

☐ une seule rime   ☐ ? _____

B. Personnification. Un objet personnifié possède des qualités humaines. Si les objets dans la colonne I sont personnifiés, qu'est-ce qu'ils seront capable de faire? Choisissez parmi les possibilités dans la colonne II.

MODÈLE: **La forêt nourrit les animaux.**
          La mer cache des secrets.

I	II
la forêt	soigner
la mer	nourrir
le rayon de lune	protéger
	guider
	cacher
	endormir
	réconforter
	jouer
	?

Base structurale

La description. Quel temps du verbe s'emploie pour faire une description ou pour parler d'une action habituelle au passé? Transformez les descriptions suivantes au passé.

Pour réviser les temps verbaux, voir l'Appendice grammatical, pages 173–185.

1. Je n'ai jamais froid; je n'ai jamais chaud.

   _____

2. Sous les arbres noirs, la nuit est brune.

   _____

3. Tu peux te perdre et glisser dans l'eau.

   _____

4. Je veux te montrer la route opportune.

   _____

■ Si un verbe se conjugue avec un pronom réfléchi (**me, te, se, nous, vous**), l'objet de ce verbe est identique au sujet:

   Je me lève. *I get myself up (= I get up, arise).*

   Sans pronom réfléchi, l'objet du verbe n'est plus identique au sujet et le sens change:

   Je m'endors. *I fall asleep.*
   J'endors l'enfant. *I put the child to sleep.*

■ Rappelez les fonctions des pronoms **me** et **te.** Ils peuvent s'employer comme objet direct ou indirect:

   • dans une structure non-réfléchie:

   Je veux te montrer la route opportune. *I want to show you the right road.*

   • ou dans une structure réfléchie:

   Tu pouvais te perdre et glisser dans l'eau. *You could get lost (= lose yourself) and slide into the water.*

La Chanson du rayon de lune

Sais-tu qui je suis? Le rayon de lune.
Sais-tu d'où je viens? Regarde là-haut°,   above
Ma mère est brillante et la nuit est brune.
Je rampe sous l'arbre et glisse sur l'eau;
5 Je m'étends sur l'herbe et cours sur la dune;
Je grimpe au mur noir, au tronc du bouleau°.   birch
Comme un maraudeur qui cherche fortune.
Je n'ai jamais froid; je n'ai jamais chaud...
    Ma mère soulève°   raises up
10   Les flots écumeux;
    Alors je me lève,
    Et sur chaque grève°   bank
    J'agite mes feux.
    Puis j'endors la sève°   sap
15   Par les bois ombreux;
    Et ma clarté brève,
    Dans les chemins creux°,   worn
    Parfois semble un glaive°   sword
    Au passant° peureux.   passerby
20   Je donne le rêve
    Aux esprits joyeux,
    Un instant de trève°   peace
    Aux cœurs malheureux.
Sais-tu qui je suis?... Le rayon de lune.

25 Et sais-tu pourquoi je viens de là-haut?

Sous les arbres noirs, la nuit était brune;

Tu pouvais te perdre et glisser dans l'eau,

Errer par les bois, vaguer sur la dune,

Te heurter° dans l'ombre au tronc du bouleau.   **Te...** Run into

30 Je veux te montrer la route opportune;

Et voilà pourquoi je viens de là-haut.

(Des vers)

Construction du sens

A. Identifiez. Regardez l'exercice B, **Personnification,** page 27. Identifiez les qualités personnifiées du rayon de lune en utilisant les suggestions proposées dans cet exercice et en formulant vos propres idées. Citez des vers du poème pour justifier vos réponses.

B. Le rayon de lune. Selon vous, comment est le rayon de lune? Faites sa description physique. Quel âge a-t-il? Est-il jeune? âgé? d'âge indéterminé? A-t-il un rapport intime ou distant avec le lecteur (*reader*)? Possède-t-il des caractéristiques plutôt masculines ou féminines? À qui se compare-t-il?

C. Les sens. À quel(s) sens ce poème fait-il appel? La vue? L'odorat? L'ouïe (*hearing*)? Le goût (*taste*)? Citez des expressions du poème pour appuyer votre réponse.

Pour aller plus loin

A. Un jeu. Choisissez un phénomène naturel—la mer, un arbre, un nuage, une tempête—et attribuez-lui des qualités humaines. Ensuite, lisez votre description à la classe, qui essaiera de deviner le phénomène que vous avez choisi.

B. Un poème. Maintenant, transformez votre description en un poème en vers libre. Utilisez la chanson de Maupassant comme modèle. Commencez votre poème de la même façon: Sais-tu qui je suis? [...] Sais-tu d'où je viens? Continuez en énumérant les qualités du phénomène et finissez en expliquant la raison derrière son apparition: [...] Et voilà pourquoi...

Constant Burniaux
Maurice Carême

Cet homme ressemble-t-il à un poète? Pourquoi?

TEXTE I

Sur l'auteur...

The Belgian novelist and poet Constant Burniaux (1892–1975) served as a school teacher for most of his life, punctuated by a short stint in the military during the First World War. The winner of numerous literary prizes, as well as a member of the Belgian **Académie Royale de Langue et de Littérature françaises,** he is known for the finely crafted psychological analyses of his characters as well as his satiric portrayals of the **bourgeoisie.**

Fondements de la lecture

Base culturelle

A. **Connaissez-vous la Belgique?** Employez la carte de la Belgique et le petit passage historique qui l'accompagne pour répondre aux questions suivantes.

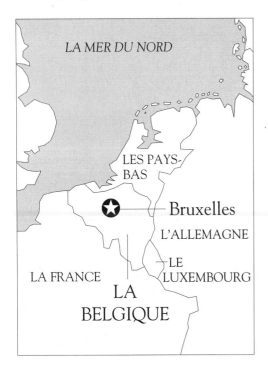

La Belgique

Superficie: 30 518 km^2, un des plus petits pays de l'Europe, à peu près la moitié de la taille de la Virginie Occidentale.

Population: 9 947 782.

Langues principales: Le néerlandais, le français, l'allemand. Ces trois langues ont un statut officiel.

Capitale: Bruxelles.

Gouvernement: Monarchie constitutionnelle et parlementaire à partir de 1831; décentralisation vers une structure fédéraliste depuis 1977.

Devise: Le franc belge.

Histoire: La révolution bruxelloise de 1830 mène à l'indépendance de la Belgique (et à sa séparation des Pays-Bas). Formation en 1950 du Benelux (union douanière avec les Pays-Bas et le Luxembourg): c'est le premier pas vers le Marché commun. En 1977, la Belgique a été séparée en trois régions autonomes: la Flandre, la Wallonie, Bruxelles.

1. Situez la Belgique par rapport aux autres pays européens.
2. Comparez sa population à celle de votre état ou de votre pays.
3. Parlez de la situation linguistique en Belgique. Savez-vous quelle est la langue prédominante en Flandre? en Wallonie? à Bruxelles?

B. Les poètes. Chaque société accorde un rôle différent aux poètes et à la poésie. Selon vous, lesquelles des affirmations suivantes correspondent le mieux à la conception du poète et de la poésie dans notre société?

Dans notre culture,

☐ les poètes ont le respect de tout le monde.

☐ la poésie est appréciée par tout le monde.

☐ la poésie rapporte (*brings in*) beaucoup d'argent.

☐ les poètes sont mal vus par la société.

☐ la poésie est considérée comme une perte de temps.

☐ les poètes sont isolés de la société.

☐ il faut se priver (*deprive oneself*) de beaucoup de choses si on veut devenir poète.

☐ _____

Base stratégique

Le titre. Considérez le titre du poème *Pense à la folie*. Selon vous, lesquelles des affirmations dans l'Exercice A exprimeraient l'attitude de Burniaux envers la poésie?

Base structurale

Le pronom *en*. Identifiez la proposition remplacée par **en** dans les vers suivants, tirés du poème.

Pour réviser l'emploi du pronom *en*, voir l'Appendice grammatical, page 187.

1. Pense à lui
   qui croit à la poésie,
   qui **en** a fait son amie.
2. ...cet homme
   qui n'est peut-être pas même
   approuvé par sa femme
   et qui, s'il l'était,
   pourrait bien s'**en** attrister.

3. Pense à lui
   qui se donne la peine
   de faire un poème...
   et d'**en** souffrir.

■   Remarquez que certains verbes introduisent leurs compléments par la préposition **à.** Cette préposition est tout simplement un lien (*link*) structural; elle n'est pas toujours traduite. Voici des exemples tirés du texte.

> Pense **à** la folie
> Jouer **aux** cartes
> qui croit **à** la poésie

Connaissez-vous d'autres verbes qui sont pareils? et des verbes qui introduisent leur complément par d'autres prépositions?

Pense à la folie

	Pense à la folie	
	si jolie,	
	si polie,	
	de l'homme qui se donne la peine°	**se...** goes to the trouble
5	d'écrire un poème...	
	et de la° garder.	[sic]

	Pense à la candeur° de cet homme—	**naïveté**
	qui pourrait jouer aux cartes,	
	boire,	
10	danser, aller au cinéma—	
	et qui se donne la peine	
	d'écrire un poème.	

Pense à la patience de ce brave homme°,
qui ne sait même pas

15 si ses contemporains
voudront croire à son talent,
et qui prend la peine,
quand même,
d'écrire son poème.

20 Pense à la folie,
à la manie°,
si douce de cet homme,
qui n'est peut-être pas même
approuvé par sa femme,

25 et qui, s'il l'était,
pourrait bien s'en attrister.

Pense à lui
qui croit à la poésie,
qui en a fait son amie

30 et qui peut-être,
à cause d'elle,
va perdre sa place
au ministère°.

Pense à lui

35 qui se donne la peine
de faire un poème,
aujourd'hui!...
et d'en souffir.

ce... this good fellow

obsession

au... in the government

Construction du sens

A. Vrai ou faux?   Indiquez si les affirmations suivantes sont vraies ou fausses.

1. Le poète se prive de distractions pour écrire des poèmes.
2. Le poète est certain que ses amis vont apprécier ses efforts.
3. Le poète est certain que sa femme va apprécier ses efforts.
4. Le poète veut que son travail soit apprécié par sa femme.
5. Il est possible qu'un poète perde son emploi à cause de son dévouement à la poésie.

B. Complétez la phrase.   Complétez les débuts de phrases suivants en vous basant sur le poème.

1. Au lieu d'écrire (*Instead of writing*) des poèmes, le poète pourrait...
2. Le poète est très patient parce que...
3. Il est possible que le poète devienne triste si...
4. Le poète souffre parce que...

Pour aller plus loin

A. L'attitude du poète.   Qu'est-ce que Burniaux pense des poètes? Les admire-t-il? Les condamne-t-il? Expliquez.

B. Portrait du poète.   Faites le portrait physique d'un poète en vous basant sur le poème. Décrivez sa journée typique.

C. La forme.   Commentez la forme du poème. Quels éléments se répètent? Cette répétition devient-elle ennuyeuse pour le lecteur? Rend-elle le message plus triste? plus insistant?

TEXTE II

Sur l'auteur...

Maurice Carême was born in Wavre, Belgium, in 1899. His literary career began in 1925 with the publication of his first book. In 1943, he gave up a career as a teacher to devote himself to literature, publishing more than 60 volumes of poetry, stories, and novels in his lifetime. Enormously popular, his books were illustrated by well-known artists and put to music by composers such as Milhaud and Poulenc. He died in 1978.

Fondements de la lecture

Base culturelle

L'art poétique. Avez-vous déjà essayé d'écrire de la poésie? Quels sentiments ou quelles circonstances vous ont inspiré(e)? Était-il difficile ou facile d'écrire votre poème? Étiez-vous content(e) des résultats? A-t-on apprécié votre travail?

Base stratégique

A. Le titre. Réfléchissez au titre du poème *Je suis éternel*. Quel thème va être développé dans ce poème, selon vous? Choisissez parmi les suggestions suivantes.

☐ Le mot écrit est plus permanent que la parole (*spoken word*).

☐ Les poètes sont supérieurs aux autres personnes.

☐ La poésie vit après la mort du poète.

☐ Il faut croire à la vie après la mort.

☐ *Carpe diem:* Il faut profiter de la vie.

B. La première strophe. Lisez la première strophe du poème. Selon vous, lesquelles des remarques suivantes exprimeraient (*express*) l'attitude de Carême envers (*toward*) son art?

☐ La poésie doit être très compliquée.

☐ Un poète peut s'exprimer clairement.

☐ La poésie a une inspiration divine.

☐ Le poète peut être une personne simple.

☐ La poésie suit des règles rigides.

Base structurale

Les verbes irréguliers. Révisez le présent des verbes irréguliers **avoir, dire, rire, venir, vivre, voir.** Ensuite, transformez les verbes suivants à la forme indiquée.

1. ils viennent   →   il _____

2. nous vivons   →   je _____

3. vous voyez   →   tu _____

4. elles disent   →   elle _____

5. nous rions   →   je _____

6. nous avons   →   je _____

7. tu vis   →   elles _____

8. elle voit   →   vous _____

9. vous avez   →   tu _____

10. tu ris   →   ils _____

Je suis éternel

Un art poétique?
Non, je n'en ai pas.
Et je n'aime pas
La métaphysique.

5   Les mots que j'emploie?
Tous ceux que ma mère
Disait autrefois
Droite en la lumière.

Et Dieu, que vient-il
10 Faire en tout cela?
Me montrer les fils°   threads (of thought)
Que je ne vois pas.

La mort? Que dit-elle?
Mais tant que° je vis,   **tant...** as long as
15 Que je mange et ris,
Je suis éternel.

Maurice Carême, "Je suis eternel," excerpt of
"Etre ou ne pas être" from *A l'Ami Carême*,
Le Livre de poche Jeunesse collection "Fleurs
d'encre". © Fondation Maurice Carême.
Reprinted by permission of the publisher.

Construction du sens

Inspirations. Qu'est-ce qui inspire la poésie de Carême? Choisissez parmi les suggestions suivantes en trouvant un vers du poème pour justifier votre réponse. Selon vous, quel est le facteur le plus important?

☐ la famille

☐ la pensée de la vie après la mort

☐ l'esprit (*mind*) et l'intelligence du poète

☐ l'inspiration divine

☐ la peur

☐ une vie remplie de joie

Pour aller plus loin

A. Un portrait. Brossez le portrait de Carême. Quelle sorte d'homme est-il? Qu'est-ce qu'il apprécie dans la vie, selon vous? Qu'est-ce qu'il n'aime pas?

B. La poésie. Êtes-vous d'accord avec les sentiments exprimés par Carême dans ce poème? Comment est la poésie, selon vous? Doit-elle être subtile, pleine d'images, avec une rime et un rythme bien précis? La poésie de Carême est-elle trop simple?

Guillaume Apollinaire

Le Pont Mirabeau à Paris.

Sur l'auteur...

Guillaume Apollinaire is the pseudonym of Wilhelm Apollinaris de Kostrowitzky (1880–1918). The poet led an unsettled life, traveling and living in several countries. He acquired French citizenship in 1916, while serving as a soldier during World War I. The poem you will read was written in 1912 after the departure of his lover Marie Laurencin. This loss created a profound sadness that became one of the principal sources of his poetry. The Mirabeau bridge is found in the western part of Paris. Apollinaire used to cross it when he returned home to Auteuil.

Fondements de la lecture

Base culturelle

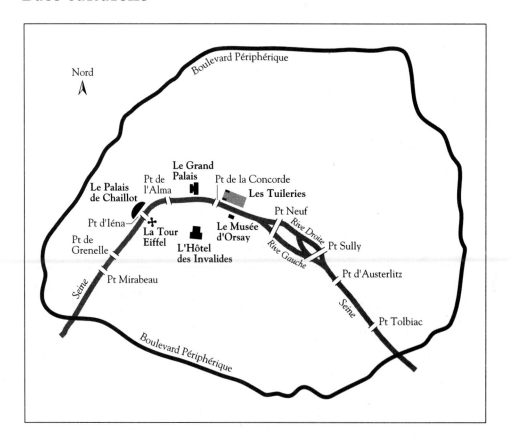

Le Pont Neuf à Paris.

Un pont moderne à Paris.

A. Les ponts de Paris. Comme vous le savez déjà, la Seine traverse Paris de l'est à l'ouest. Regardez le plan de Paris reproduit à la page 42 et trouvez les ponts qui relient (*link*) la rive gauche à la rive droite. Maintenant, répondez aux questions qui suivent.

1. Quels ponts traversent la Seine de l'est à l'ouest?
2. Quel pont traverse-t-on pour aller de l'Hôtel des Invalides au Grand Palais? du Musée d'Orsay au Jardin des Tuileries?
3. Quel pont est près de la Tour Eiffel?

B. Des photos. Regardez les photos à la page 43 et au début du chapitre et répondez aux questions suivantes.

1. Quel pont a l'air le plus ancien? et le plus moderne?
2. Décrivez chaque pont en utilisant les expressions suivantes.

   romantique, utilitaire, solide, sans intérêt, remarquable dans son/sa [beauté, forme, conception, architecture, etc.], léger, lourd...

   Élaborez la description en ajoutant vos propres expressions descriptives.
3. Quel pont préférez-vous? Lequel n'aimez-vous pas du tout? Pourquoi?

C. Les ponts. Que symbolisent les ponts pour vous? Et l'eau qui coule dessous? Indiquez lesquelles des suggestions suivantes sont valables, selon vous. Ajoutez vos propres idées à la liste.

1. L'eau qui coule représente le temps qui passe.
2. L'eau qui coule symbolise le changement des saisons.
3. Le pont symbolise la vie.
4. Le pont symbolise une transition.
5. L'eau signifie la réussite.
6. Le pont signifie les rêves.
7. L'eau représente le temps qui passe.
8. L'eau représente l'amour qui s'en va.
9. Le pont représente le rapport entre deux amants.
10. L'eau représente le passé.

D. Proverbes. Il y a beaucoup de proverbes qui parlent du temps. Expliquez le sens des proverbes suivants et donnez une situation où ils seraient appropriés.

1. Qui a temps a vie.
2. Selon le temps, la manière.
3. Le temps et l'usage rendent l'homme sage.
4. Avec du temps et de la patience, on vient à bout de tout.

Base lexicale

A. Associations. Quels mots associez-vous à l'amour? Remplissez le schéma en choisissant parmi la liste suivante. Ajoutez-y vos propres associations.

la joie, la peine, la paresse, le silence, l'espérance, le vice, la haine, ???

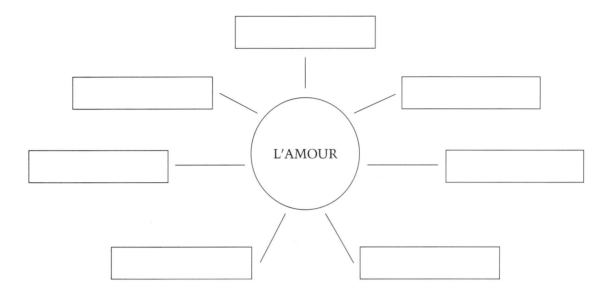

B. Les amants. Comment sont les amants? Indiquez lesquels des portraits suivants pourraient s'appliquer aux amoureux.

1. Ils se regardent fixement.
2. Ils restent silencieux en présence de l'autre.
3. Ils ne se regardent jamais.
4. Ils se promènent en se tenant par la main.
5. Ils sont souvent oublieux des autres.
6. Ils s'habillent d'une façon inhabituelle.
7. Ils éprouvent des émotions violentes.
8. Ils évitent des situations où ils sont face à face.

Base générique

La poésie. Pour vous, qu'est-ce que c'est que la poésie? Indiquez lesquelles des phrases suivantes sont toujours vraies, quelquefois vraies ou jamais vraies.

	toujours vrai	quelquefois vrai	jamais vrai
1. Un poème a des vers qui riment.			
2. Un poème a des images.			
3. Un poème a une seule interprétation possible.			
4. La poésie est difficile à comprendre.			
5. Les poèmes sont disposés en paragraphes.			
6. Un poème a des éléments qui se répètent.			
7. Un poème est destiné à l'œil et non pas à l'oreille.			
8. Un poème manque de ponctuation.			
9. Le poète s'exprime dans un langage symbolique.			

Base structurale

L'ordre des mots. L'ordre des mots en français est assez rigide. Cependant, surtout dans la poésie, l'ordre devient plus souple (*flexible*). Dans ce poème, on trouve des vers où le sujet suit le verbe. Voici des extraits du poème. Identifiez le sujet et son verbe.

1. Sous le pont Mirabeau coule la Seine
2.   Et nos amours
       Faut-il qu'il m'en souvienne.
3.   Tandis que sous
   Le pont de nos bras passe
   Des éternels regards l'onde si lasse (*the weary wave of water*)
4.   Passent les jours et passent les semaines

Le Pont Mirabeau

Sous le pont Mirabeau coule la Seine
Et nos amours
Faut-il qu'il m'en souvienne°
La joie venait toujours après la peine

Faut-il... Must I remember them

5   Vienne la nuit sonne l'heure°
    Les jours s'en vont° je demeure

Vienne... The night comes;
    the hour strikes
s'en... go away

    Les mains dans les mains restons face à face
        Tandis que sous
        Le pont de nos bras passe
10 Des éternels regards l'onde° si lasse°

wave / **si...** so weary

    Vienne la nuit sonne l'heure
    Les jours s'en vont je demeure

    L'amour s'en va comme cette eau courante
        L'amour s'en va
15 Comme la vie est lente
    Et comme l'Espérance est violente

    Vienne la nuit sonne l'heure
    Les jours s'en vont je demeure

    Passent les jours et passent les semaines
20   Ni temps passé
        Ni les amours reviennent
    Sous le pont Mirabeau coule la Seine

    Vienne la nuit sonne l'heure
        Les jours s'en vont je demeure.

Construction du sens

A. Vrai ou faux. Indiquez si les affirmations suivantes sont vraies ou fausses.

1. Dans ce poème, il s'agit d'un amour passé.
2. Le poète espère pouvoir renouer (*reestablish*) ses rapports avec son ancienne amante.

3. Selon le poète, l'amour est inconstant.
4. Il est probable que le poète a rompu avec son amante.
5. Le poète va quitter Paris.

B. Portrait.   Imaginez la situation du poète. Quelles circonstances auraient inspiré ce poème? Quelle est sa situation actuelle? Va-t-elle changer? Comment?

C. La forme.   Regardez vos réponses dans la partie **Base générique,** page 45. Dans quelle mesure ce poème reflète-t-il votre conception de la poésie? Est-ce un poème typique pour vous? Qu'est-ce qu'il a de différent? Ces nouveaux éléments rendent-ils votre lecture plus agréable? intéressante? difficile?

D. Le ton.   Précisez le ton du poème. Le poète est-il exaspéré? résigné? désespéré? plein d'espoir? Citez des passages dans le poème pour justifier votre réponse.

Pour aller plus loin

A. Le refrain.   Qu'est-ce que la répétition du refrain signifie pour vous? Voici quelques possibilités: l'état mental du poète; l'inconstance de l'amour; la résignation; l'espoir; l'anxiété; le regret. Laquelle (lesquelles) trouvez-vous la (les) plus raisonnable(s)? Avez-vous d'autres idées à proposer?

B. La forme.   Le poète n'a pas utilisé de ponctuation dans le poème: les vers coulent sans interruption. Quelle sorte d'impression en résulte? Comment la forme du poème reflète-t-elle le contenu?

C. Imaginez.   Imaginez la suite du poème. Que va faire le poète? Tombera-t-il amoureux d'une autre femme? Passera-t-il le reste de sa vie solitaire à regretter le passé?

Jacques Prévert

D'après vous, que pense le lion?

Sur l'auteur...

Jacques Prévert (1900–1977), was influenced as a young poet by the surrealist movement, but quickly developed a distinctive style of his own. His prose and free verse poetry have a certain charming, conversational quality, expressing with tenderness and humor the joys and tragedies, dreams and disappointments that lie beneath the seemingly banal and monotonous routine of daily life. He enjoys playing with language, mocking bourgeois values, and surprising the unsuspecting reader. There is often a childlike innocence, a disarming naïveté in his work that masks an exceptionally sharp wit.

Fondements de la lecture

Base culturelle

Stéréotypes. Dans ce conte, Prévert se moque un peu de l'attitude des Français vis-à-vis des Anglais. Il est toujours difficile (et parfois dangereux) de parler du « Français typique » ou de « l'Anglais typique ». Néanmoins, certains stéréotypes, positifs et négatifs, existent. Connaissez-vous les stéréotypes associés aux nationalités suivantes? Choisissez la généralisation de la colonne B qui correspond à la nationalité de la colonne A.

_____ 1. les Italiens   a. travaillent trop

_____ 2. les Suisses   b. sont très polis

_____ 3. les Américains   c. boivent beaucoup de vodka

_____ 4. les Russes   d. se disputent souvent

_____ 5. les Japonais   e. sont méticuleux

_____ 6. les Anglais   f. sont riches

Quels stéréotypes connaissez-vous vis-à-vis des Français?

Base lexicale

A. Verbes basés sur l'adjectif. Quelques verbes français se forment à partir d'un adjectif, avec le sens de *make or become...*: **grand** (big), → **grandir** (*to make big, grow*). Quel est l'adjectif à la base de chacun des verbes suivants? Que signifient ces verbes? En principe, ces verbes se basent-ils sur la forme masculine ou la forme féminine de l'adjectif?

1. blanchir _____

2. jaunir _____

3. vieillir _____

4. rajeunir _____

5. salir _____

6. adoucir _____

7. embellir _____

8. enlaidir _____

B. **Mots apparentés.** A quels mots anglais les formes suivantes sont-elles apparentées? N.B.: Le suffixe -*ment* correspond souvent à l'anglais -*ly*.

1. captif _____

2. sûrement _____

3. s'installer _____

4. applaudir _____

5. brusquement _____

6. dévorer _____

Base structurale

A. **L'imparfait.** Étudiez les exemples suivants tirés du texte et expliquez l'emploi de l'imparfait en utilisant ces catégories:

- une action répétée
- une description
- une action non-achevée
- un état mental

Pour réviser l'imparfait, voir l'Appendice grammatical, page 178.

1. Captif, un jeune lion grandissait et plus (*the more*) il grandissait, plus les barreaux de sa cage grossissaient, du moins (*at least*) c'est le jeune lion qui le croyait... En réalité, on le changeait de cage pendant son sommeil.
2. Quelquefois, des hommes venaient et lui jetaient de la poussière dans les yeux, d'autres lui donnaient des coups de canne sur la tête...

B. **Les adjectifs.** Mettez l'adjectif à la place convenable, devant ou derrière le substantif. Ensuite, traduisez la phrase. (ATTENTION! Il y a un exemple où l'adjectif change de sens selon sa position.)

Pour réviser le placement des adjectifs, voir l'Appendice grammatical, page 188.

MODÈLE: un monsieur (petit)

  un petit monsieur (*a short gentleman*)

1. le lion (jeune)
2. les hommes (méchants)

3. une cage (petite)
4. un dompteur (*tamer*) (nouveau, cruel)
5. un étranger (sale)
6. un revolver (gros)

Jeune Lion en cage

Captif, un jeune lion grandissait et plus° il grandissait, plus les
barreaux de sa cage grossissaient, du moins°, c'est le jeune lion qui le
croyait... En réalité, on le changeait de cage° pendant son sommeil.

Quelquefois, des hommes venaient et lui jetaient de la poussière
5   dans les yeux, d'autres lui donnaient des coups de canne sur la tête et
il pensait: «Ils sont méchants et bêtes, mais ils pourraient l'être da-
vantage°; ils ont tué ma mère, ils ont tué mes frères, un jour sûrement
ils me tueront, qu'est-ce qu'ils attendent? »

Et il attendait aussi.

10   Un beau jour: du nouveau°... Les garçons de la ménagerie placent
des bancs devant la cage, des visiteurs entrent et s'installent°.

Curieux, le lion les regarde.

Les visiteurs sont assis... ils semblent attendre quelque chose...
un contrôleur vient voir s'ils ont bien pris leurs tickets... il y a une
15   dispute, un petit monsieur s'est placé au premier rang... il n'a pas de
ticket... alors le contrôleur le jette dehors à coups de pied dans le
ventre°... tous les autres applaudissent.

Le lion trouve que c'est très amusant et croit que les hommes
sont devenus plus gentils et qu'ils viennent simplement voir, comme
20   ça, en passant:

« Ça fait bien dix minutes qu'ils sont là°, pense-t-il, et personne
ne m'a fait de mal°, c'est exceptionnel, ils me rendent visite en toute
simplicité, je voudrais bien faire quelque chose pour eux... »

Side glosses:

the more

du... at least

on... they would change
his cage

mais... they could be more
so

du... something new

take their places

à... with kicks in the
stomach

Ça... They've been there
for at least ten minutes
personne... no one has
hurt me

Mais la porte de la cage s'ouvre brusquement et un homme appa-
25 raît en hurlant:

« Allez Sultan, saute Sultan! »

Et le lion est pris d'une légitime inquiétude, car il n'a encore jamais vu de dompteur°.

<small>il... he has never seen a tamer before</small>

Le dompteur a une chaise dans la main, il tape avec la chaise con-
30 tre les barreaux de la cage, sur la tête du lion, un peu partout, un pied
de la chaise casse, l'homme jette la chaise et, sortant de sa poche un
gros revolver, il se met à tirer en l'air°.

<small>il... he begins to shoot into the air</small>

Quoi? dit le lion, qu'est-ce que c'est que ça, pour une fois° que
je reçois du monde°, voilà un fou, un énergumène qui entre ici sans
35 frapper, qui brise les meubles et qui tire sur° les invités, ce n'est pas
comme il faut°. Et sautant sur le dompteur, il entreprend de le dévorer,
plutôt par désir de faire un peu d'ordre que par pure gourmandise...

<small>pour... for once</small>
<small>du... people (visitors)</small>
<small>tire... shoots at</small>
<small>comme... as it should be</small>

Quelques-uns des spectateurs s'évanouissent, la plupart se
sauvent, le reste se précipite vers la cage et tire le dompteur par les
40 pieds, on ne sait pas trop pourquoi; mais l'affolement c'est l'affolement, n'est-ce pas?

Le lion n'y comprend rien, ses invités le frappent à coups de para-
pluie°, c'est un horrible vacarme.

<small>à... with blows of their umbrellas</small>

Seul, un Anglais reste assis dans son coin et répète: « Je l'avais
45 prévu, ça devait arriver°, il y a dix ans que je l'avais prédit°... »

« Qu'est-ce que vous dites?... C'est de votre faute tout ce qui
arrive°, sale étranger°, est-ce que vous avez seulement payé votre
place°? » etc.

<small>ça... that was bound to happen / il... I had predicted it ten years ago</small>
<small>tout... everything that's happening / sale... dirty foreigner</small>
<small>est-ce que... Have you even paid for your seat?</small>

Et voilà l'Anglais qui reçoit, lui aussi, des coups de parapluie...
50 « Mauvaise journée pour lui aussi! » pense le lion.

Jacques Prévert, "Jeune Lion en cage", from D'Autres Histoires,
© Éditions GALLIMARD. Reprinted by permission of the publisher.

Construction du sens

A. Vrai ou faux? Indiquez si les affirmations suivantes sont vraies ou fausses. Corrigez celles qui sont fausses.

1. _____ Le jeune lion ne grandit plus.

2. _____ Le jeune lion croit qu'on va le tuer un jour.

3. _____ Un jour les garçons de la ménagerie placent des chaises devant la cage.

4. _____ Il y a un monsieur qui n'a pas payé sa place.

5. _____ D'abord le lion attend, et rien ne se passe.

6. _____ Le dompteur a une chaise et un couteau.

7. _____ Le lion essaie de dévorer le dompteur.

8. _____ Les spectateurs se fâchent contre l'Anglais.

B. Questions. Répondez aux questions suivantes.

1. Les hommes méchants, que faisaient-ils au lion?
2. Où s'installent les visiteurs?
3. Que fait le dompteur?
4. Comment réagit le lion?
5. Que fait-on à l'Anglais?

C. Complétez. Complétez les phrases suivantes.

1. Quelquefois, des hommes venaient et lui jetaient de la _____ dans les yeux...
2. ...des visiteurs entrent et s' _____
3. ...un _____ vient voir s'ils ont bien pris leurs tickets
4. ils me _____ visite en toute simplicité
5. ...sortant de sa poche un gros revolver, il se met à _____ en l'air
6. ses invités le _____ à coups de parapluie

D. Reconstitution du texte. Racontez l'histoire, en faisant une phrase avec chaque mot ou groupe de mots.

1. les hommes méchants / coups de canne
2. les garçons de la ménagerie / bancs
3. le contrôleur
4. la porte / s'ouvrir
5. le dompteur / une chaise
6. un revolver / tirer
7. dévorer
8. frapper / parapluie
9. un Anglais

Pour aller plus loin

A. Résumé. Racontez l'histoire du point de vue de l'un des personnages suivants.
   1. le dompteur
   2. un spectateur
   3. l'Anglais

B. Les personnages. Le lion est une bête féroce. Le dompteur est un être humain. Pourtant, éprouvez-vous de la sympathie pour le lion ou le dompteur? Pourquoi?

C. Enrichissez votre vocabulaire. Le lion habite en Afrique. Quels sont d'autres animaux qui habitent ce continent? Préparez une liste avec un(e) partenaire. Vous pouvez consulter votre dictionnaire. Ensuite, classez les animaux en utilisant la grille suivante.

les animaux qui habitent dans les arbres	les animaux qui habitent les rivières	les carnivores	les herbivores	les animaux en voie d'extinction *(endangered)*

Quels traits associez-vous à ces animaux (l'intelligence, la vitesse, etc.)? Qu'est-ce qu'ils symbolisent (le lion = la puissance, etc.)? Si ces animaux allaient peupler une ville, quels rôles auraient-ils (le lion = le maire, etc.)?

Arthur Rimbaud

Détail du tableau « Un coin de table » par Henri Latour Fantin.
Verlaine et Rimbaud sont assis à gauche.

—— ❦ ——

Sur l'auteur...

Arthur Rimbaud (1854–1891) is recognized as one of the most talented poets ever to write in the French language. Born in Charleville, in northern France, he experienced a turbulent adolescence, running away to Paris and Belgium on several occasions. His poetry was first published when he was only sixteen years old. He published his poetic masterpiece "Le Bateau ivre" when he was not yet seventeen. By the age of nineteen, he had finished writing poetry, and the rest of his life was devoted to travel in Europe and Africa. Rimbaud is regarded as one of the most important and influential poets of the symbolist movement.

Fondements de la lecture

Base culturelle

1870.   Rimbaud a écrit ce poème en 1870, année où la France faisait la guerre contre un de ses pays voisins. Par suite de cette guerre, la France a perdu une de ces provinces à l'extrême est du pays. Faites des recherches pour vous renseigner sur cette époque de l'histoire française. En particulier, cherchez les réponses aux questions suivantes. Les réponses sont données ci-dessous.*

1. À l'époque de la composition de ce poème, la France faisait la guerre contre quel pays?
   a. l'Angleterre   b. l'Allemagne   c. l'Italie
2. Comme résultat de cette guerre, quelle province la France a-t-elle perdue?
   a. l'Alsace   b. la Bretagne   c. la Provence
3. En quelle année cette province est-elle redevenue territoire français?
   a. en 1890   b. en 1919   c. en 1940

Base lexicale

A. Le sommeil.   Ce poème décrit un homme qui paraît dormir. Pour chaque mot de la colonne de gauche, choisissez un synonyme (=) ou un contraire (≠) de la colonne de droite, selon les indications.

1. _____ avoir sommeil (=)   a. un rêve

2. _____ un cauchemar (≠)   b. se lever

*Il s'agit de la guerre franco-prussienne (1870–1871). La Prusse fait aujourd'hui partie de l'Allemagne. La France a perdu la province d'Alsace, redevenue française en 1919, après la défaite de l'Allemagne à la fin de la Première Guerre mondiale.

3. _____ faire un somme (=)   c. être fatigué(e)

4. _____ se coucher (=)   d. passer une nuit blanche

5. _____ se réveiller (=)   e. faire la sieste

6. _____ dormir comme une souche (≠) f. soigner

7. _____ bercer (=)   g. s'endormir

B. Mots apparentés. À quels mots anglais les formes suivantes sont-elles apparentées?

1. rivière   _____

2. montagne   _____

3. val   _____

4. soldat   _____

5. parfum   _____

C. Le corps humain. Rimbaud fait mention de plusieurs parties du corps dans ce poème. Quelle partie du corps dans la colonne de gauche correspond à quelle autre expression dans la colonne de droite?

1. _____ la nuque   a. le doigt

2. _____ la narine   b. l'œil

3. _____ la main   c. l'orteil

4. _____ la bouche   d. le cou

5. _____ la tête   e. le nez

6. _____ les pieds   f. le sourire

D. Associations. À quels autres mots associez-vous les mots suivants?

1. la nature   _la tranquillité_   _____   _____

2. le sommeil   _le rêve_   _____   _____

3. la guerre   _la douleur_   _____   _____

E. Images. Dans ce poème, il y a beaucoup d'images: des expressions qui représentent ou suggèrent une autre chose d'une façon métaphorique. Dans l'exercice suivant, indiquez les images dans la colonne de gauche auxquelles correspondent les choses/idées de la colonne de droite.

1. _____ _un trou de verdure_ où chante une rivière   a. l'herbe

2. _____ un lit vert   b. être mort

3. _____ dormir   c. un val, une vallée

4. _____ faire un somme   d. brille

5. _____ la lumière *pleut*   e. coule
6. _____ un trou de verdure où *chante* une rivière

Base structurale

L'ordre des mots. L'ordre des mots en français est assez rigide. Cependant, surtout dans la poésie, l'ordre devient plus souple (*flexible*). Dans ce poème, on trouve des vers où le verbe est assez loin du sujet. On trouve aussi des vers où le verbe précède le sujet. Identifiez le sujet et le vebe dans les vers suivants.

1. Un soldat jeune, bouche ouverte, tête nue,
   Et la nuque (*neck*) baignant dans le frais cresson (*watercress*) bleu,
   Dort;
2. où le soleil, de la montagne fière,
   Luit (*glows*);
3. C'est un trou (*hole*) de verdure où chante une rivière

Le Dormeur du val

C'est un trou de verdure° où chante une rivière	greenery
Accrochant° follement aux herbes des haillons°	gripping / rags
D'argent; où le soleil, de la montagne fière°,	proud
Luit: c'est un petit val qui mousse° de rayons°.	sparkle / rays of the sun
5 Un soldat jeune, bouche ouverte, tête nue°,	uncovered
Et la nuque baignant dans le frais° cresson bleu,	fresh
Dort; il est étendu° dans l'herbe°, sous la nue°,	stretched out / grass / cloud
Pâle dans son lit vert où la lumière pleut.	
Les pieds dans les glaïeuls°, il dort. Souriant comme	gladiolus
10 Sourirait un enfant malade, il fait un somme°:	**il...** he's taking a nap
Nature, berce°-le chaudement: il a froid.	rock

Les parfums ne font pas frissonner° sa narine;   quiver
Il dort dans le soleil, la main sur la poitrine
Tranquille. Il a deux trous rouges au côté droit.

Construction du sens

A. Complétez.   Complétez les phrases suivantes.

1. Le soldat a deux _____ au côté droit.

2. Le jeune homme est _____ dans l'herbe.

3. Le soldat semble faire un _____, mais en réalité il ne dort pas.

4. Le poète demande à la Nature de _____ le soldat, comme s'il était un enfant malade.

B. Répondez.   Répondez aux questions suivantes.

1. À votre avis, quel âge a le soldat?

_____

2. Où est-il?

_____

3. Selon le poète, pourquoi le jeune homme ne bouge-t-il pas?

_____

4. En réalité, pourquoi reste-t-il immobile?

_____

5. Quel temps fait-il? Comment le savez-vous?

_____

C. Images.   Quels sont quelques mots dans le poème qui suggèrent les idées suivantes?

1. la lumière   _____   _____

2. l'eau   _____   _____

3. la souffrance   _____   _____

4. le sommeil   _____   _____

D. Sens.   Quels sens (la vue, l'odorat, l'ouïe, le toucher, le gôut) sont associés à chacune des images suivantes?

1. C'est un trou de verdure   _____

2. un petit val qui mousse de rayons   _____

3. où la lumière pleut   _____

4. Les pieds dans les glaïeuls   _____

Pour aller plus loin

A. Le titre. À votre avis, pourquoi Rimbaud a-t-il choisi le titre *Le Dormeur du val*? Suggérez d'autres titres.

1. _____

2. _____

3. _____

B. Le soldat mystérieux. Qui est le jeune homme dans ce poème? Quel âge a-t-il? Où habite sa famille? A-t-il une fiancée? Qu'est-ce qu'il aimait? Que voulait-il faire après la guerre?

C. Votre point de vue. Quand vous avez lu le poème pour la première fois, quelle était votre réaction à la fin? Avez-vous été surpris(e)? Pourquoi? Malgré (*in spite of*) la mort du soldat, y a-t-il une certaine tranquillité dans le poème? Quelles images et quels mots donnent au poème un sens de paix?

Salah Garmadi

Décrivez cette vision du Paradis.

Sur l'auteur...

The Tunisian Salah Garmadi (1933–1982) was a poet, writer, and teacher. A self-described **bâtard linguistique,** he wrote in both French and Arabic. In addition to producing two volumes of verse (*Avec ou sans,* 1970; *Nos ancêtres les Bédouins,* 1975), he translated several novels by North African francophone writers into Arabic.

Fondements de la lecture

Base culturelle

A.   Connaissez-vous l'Algérie? Employez la carte de l'Algérie et le petit passage historique qui l'accompagne pour répondre aux questions suivantes.

L'Algérie

Superficie: 2 381 741 km², un des plus grands pays africains, à peu près un quart de la superficie des États-Unis.
Population: 27 600 000.
Langues principales: L'arabe et le berbère. La langue nationale est l'arabe. Le français est souvent mêlé à l'arabe parlé, et il joue un rôle important dans l'éducation et dans les domaines techniques, mais l'arabisation de l'enseignement est en cours.
Capitale: Alger.
Gouvernement: République démocratique et populaire; régime présidentiel. En 1992, au moment où le Front islamique du Salut paraissait sur le point de gagner une majorité au Parlement, les élections ont été annulées et un comité dominé par l'armée a pris le pouvoir. Le chef d'état a été assassiné en juin 1992.
Devise: Le dinar.

Histoire: Les Français sont entrés en Algérie en 1830 sous prétexte de mettre fin aux attaques des corsaires arabes. Une guerre extrêmement sanglante contre la France (1954–1962) mène à l'indépendance. Le Front de libération nationale installe un système politique à parti unique. En 1988, une nouvelle constitution permet la participation d'autres partis à la vie politique. Crise politique à partir de janvier 1992.

1. Situez l'Algérie par rapport à ses pays voisins africains et européens.
2. Comparez sa population à celle de votre état ou de votre pays.
3. Quel est le statut de la langue française en Algérie?
4. Pendant combien de temps l'Algérie est-elle restée une colonie française? Décrivez sa transition vers l'indépendance.

B. Les traditions. Quelles traditions sont associées aux fêtes et aux événements suivants aux États-Unis? en France? Identifiez-les et classez-les selon le schéma suivant. Voici du vocabulaire utile:

un grand repas (= un festin), un service religieux, une messe, un jour férié, une fête familiale, un pique-nique, un événement sportif (une course, un match, etc.), le jeûne (*fasting*), **une visite au cimetière, les funérailles**

fête	traditions civiles	traditions religieuses	traditions personnelles/familiales
un anniversaire			
un mariage			
une mort			
une naissance			

C. La tradition. Quel est le rôle de la tradition dans votre vie? Indiquez lesquelles des affirmations suivantes reflètent votre point de vue. Ajoutez vos propres idées à la liste.

Les traditions...

☐ jouent un rôle important dans ma vie.

☐ ne sont pas très importantes pour moi.

☐ me lient (*link*) au passé.

☐ me lient à une plus grande communauté religieuse ou ethnique.

☐ ne servent qu'à imposer le conformisme.

☐ étouffent (*stifle*) l'expression d'une émotion profonde.

☐ ne sont pas adaptables à une société qui évolue.

☐ _____

Base stratégique

A. Le contexte. Souvent, le contexte peut nous aider à deviner (*guess*) le sens d'un mot inconnu. Lisez les extraits du poème qui suit et choisissez la meilleure définition du mot en italique parmi celles qui vous sont proposées.

1. ne me promettez pas deux *arpents* de paradis
   car je fus heureux sur un seul *arpent* de terre...
   arpent = *measure of area / measure of time*
2. ne consommez pas le troisième jour après ma mort *le couscous* traditionnel
   ce fut là en effet mon plat préféré...
   le couscous = *a drink / a meal*
3. ne *saupoudrez* pas ma tombe de graines de figues (*fig seeds*)
   pour que les *picorent* les petits oiseaux du ciel...
   saupoudrer = *to dirty / to sprinkle*
   picorer = *to peck at / to flap wings*
4. ne prononcez pas le jour de mes *obsèques* la formule rituelle:
   « il nous a devancés (*went before us*) dans la mort mais un jour nous l'y rejoindrons »
   obsèques = *funeral / marriage*

B. Mots apparentés. Parcourez le poème et trouvez les mots français qui sont apparentés aux mots anglais (*cognates*). Ensuite, classez-les selon le schéma qui suit et donnez leur équivalent anglais.

Verbes	**Substantifs**	**Adjectifs**
réciter	cadavre	traditionnel

Base générique

Le titre. Considérez le titre du poème. Selon vous, lesquelles des affirmations suivantes sont probablement vraies?

Dans ce poème, le poète...

☐ fait des prières à ses parents qui sont déjà morts.

☐ parle de sa vie future.

☐ exprime sa tristesse parce qu'il est sur le point de mourir.

☐ parle des possessions qu'il va laisser à ses amis.

☐ fait des reproches à ses amis qui vont continuer à vivre après sa mort.

☐ parle de ses funérailles.

☐ parle de sa conception personnelle de la mort.

☐ fait son testament *(will)*.

Base structurale

L'impératif. Formulez des phrases en utilisant les éléments donnés.

1. ne... pas / réciter des versets coraniques sur mon cadavre mais...

_____

2. ...les / laisser / aux autres

_____

3. ne... pas / consommer / le couscous traditionnel

_____

4. me / placer au plus haut point de votre terre

_____

5. suivre / mes conseils en tout

_____

Pour réviser la formation de l'impératif, voir l'Appendice grammatical, page 184.

Le passé simple. Parcourez le texte et trouvez les trois exemples du passé simple. Transformez ces verbes au passé composé et traduisez le vers.

Pour réviser les formes du passé simple, voir l'Appendice grammatical, page 177.

Conseils aux miens pour après ma mort

Si parmi vous un jour je mourais
mais mourrai-je jamais
ne récitez pas sur mon cadavre
des versets coraniques
5   mais laissez-les à ceux qui en font commerce
ne me promettez pas deux arpents° de paradis   measure of area

car je fus heureux sur un seul arpent de terre

ne consommez pas le troisième jour après ma mort le couscous
    traditionnel
ce fut là en effet mon plat préféré
10   ne saupoudrez pas ma tombe de graines de figues

pour que les picorent les petits oiseaux du ciel
les êtres humains en ont plus besoin
n'empêchez° pas les chats d'uriner sur ma tombe   prevent
ils avaient coutume de pisser sur le pas de ma porte° tous les   **le...** doorstep
    jeudis
15   et jamais la terre n'en trembla
ne venez pas me visiter deux fois par an au cimetière
je n'ai absolument rien pour vous recevoir
ne jurez pas sur la paix de mon âme° en disant la vérité ni même soul
    en mentant

votre vérité et votre mensonge me sont chose égale

20   quant à la paix de mon âme ce n'est point votre affaire

ne prononcez pas le jour de mes obsèques la formule rituelle:

« il nous a devancés dans la mort mais un jour nous l'y

rejoindrons »

ce genre de course° n'est pas mon sport favori   race

si parmi vous un jour je mourais

25   mais mourrai-je jamais

placez-moi donc au plus haut point de votre terre

et enviez-moi pour ma sécurité

Construction du sens

A. Confirmation. Relisez vos réponses de l'exercice dans la partie **Base générique**, page 67. Le titre vous a-t-il permis de bien anticiper le contenu du poème? Est-ce un bon titre, selon vous?

B. Traditions. Dans ce poème, le poète contraste la tradition musulmane avec ses propres souhaits (*wishes*). Quelles traditions musulmanes sont associées avec les catégories suivantes? Citez un (des) vers du poème pour justifier votre réponse.

1. plat traditionnel
2. garde (*care*) de la tombe
3. paroles prononcées au moment de l'enterrement
4. conception de l'après-vie
5. visite au cimetière
6. serment (*oath*) traditionnel

C. L'attitude du poète. Lesquelles des affirmations suivantes correspondent à l'attitude du poète envers la mort? Citez un (des) vers du poème pour justifier votre réponse.

1. Le poète est soulagé (*comforted*) par la promesse d'une vie au paradis après la mort.
2. Le poète ne veut pas que la vie quotidienne de ses proches (*loved ones*) change après sa mort.
3. La mort représente la tranquillité pour le poète.
4. La mort est redoutable (*frightening*) pour le poète.
5. Le poète pense que la mort est inévitable.

D. Désirs. Le poète s'adresse au lecteur (à la lectrice) et exprime ses désirs pour après sa mort. Expliquez ce que le poète veut et ne veut pas et pourquoi. ATTENTION: Ne citez pas le texte. Utilisez vos propres mots.

MODÈLE: **Le poète ne veut pas que son lecteur récite des vers coraniques sur son cadavre parce que c'est l'affaire des religieux qui en font le commerce.**

Pour aller plus loin

A. La voix du poète. Trouvez les vers où le poète s'adresse directement au lecteur (à la lectrice). Trouvez les vers où le poète donne ses propres réflexions. Y a-t-il des structures qui se répètent dans les deux groupes de vers?

B. Le portrait du poète. Faites le portrait du poète. Est-ce un homme religieux? matérialiste? optimiste? A-t-il un bon sens de l'humour? Que pensez-vous de lui?

C. Le Coran. Le poème que vous avez lu parle de certaines traditions musulmanes se rapportant à (*relating to*) la mort. Connaissez-vous la conception islamique du paradis? Lisez les versets extraits du Coran et répondez aux questions qui suivent.

> On dira à ceux qui ont craint Dieu: Qu'est-ce que votre Seigneur vous a accordé? Il a accordé toutes sortes de bienfaits (*good things*) dans ce monde à ceux qui ont fait le bien; mais la vie future en est encore un plus grand. Quel beau séjour (*stay, residence*) que celui des hommes pieux!
>
> Ces jardins d'Eden où ils seront introduits! Des rivière y coulent (*flow*), et ils y trouveront tout ce qu'ils désireront. C'est ainsi que Dieu récompense ceux qui le craignent.
>
> Sourate* XVI, « L'abeille », versets 32–33

> Ils seront introduits dans les jardins d'Eden, où ils seront ornés de bracelets d'or, de perles, et revêtus (*clothed*) de robes de soie.
>
> Ils diront: Gloire à Dieu qui a éloigné (*removed*) de nous l'affliction! Notre Seigneur est indulgent et reconnaissant.
>
> Il nous a donné, par un effet de sa grâce, l'hospitalité dans l'habitation éternelle, où la fatigue ne nous attendra plus, où la langueur (*fatigue*) ne nous saisira (*seize*) point.
>
> Sourate XXXV, « Les anges », versets 30–32

*une division du Coran

Voici le tableau du paradis qui a été promis aux hommes pieux: des fleuves d'eau qui ne se gâte (*spoil*) jamais, des fleuves de lait dont le goût ne s'altérera (*change*) jamais, des fleuves de vin doux à boire.

Des fleuves de miel (*honey*) pur, toute sorte de fruits et le pardon des péchés. En sera-t-il ainsi avec celui qui, condamné au séjour du feu, sera abreuvé d'eau bouillante (*whose thirst will be quenched with boiling water*) qui lui déchirera les entrailles (*organs*)?

Sourate XLVII, « Muhammad », versets 16–17

1. Est-ce que cette description du paradis correspond à votre conception personnelle ou religieuse? Qu'est-ce qui est pareil? Différent?
2. Décrivez votre idée du paradis terrestre. Est-ce habiter dans la forêt ou dans un grand château? avoir beaucoup de possessions? mener une vie simple?

Antoine de Saint-Exupéry

Faites le portrait du Petit Prince.

Sur l'auteur...

Antoine de Saint-Exupéry (1900–1944) was driven by two passions—flying and writing. His best-known novels, in fact, are all based upon his experience as a pilot—*Courrier Sud* (1930), *Terre des hommes* (1939), *Pilote de guerre* (1942). He was a pioneer in the Aéropostale, the French air-mail system developed during the 20's and 30's, and later flew missions for the Allies during World War II. *Le Petit Prince,* by far his most famous work, has achieved increasing international popularity since its publication fifty years ago. Saint-Exupéry's charming story and illustrations have captured the hearts of several generations of French children (and adults), assuring the work a permanent place among the classics of modern French literature.

Fondements de la lecture

Base culturelle

Tu ou vous? Dans quels cas emploie-t-on « tu » pour s'adresser à quelqu'un? Pour les situations suivantes, indiquez la forme convenable.

1. ____ Un enfant qui parle à son ami.

2. ____ Un enfant qui parle à sa mère.

3. ____ Un Français qui parle à un étranger qu'il ne connaît pas.

4. ____ Une femme qui parle à son mari.

5. ____ Un enfant qui parle à deux amis.

6. ____ Un homme qui parle à son collègue.

7. ____ Un élève qui parle à son professeur.

8. ____ Un professeur qui parle à un élève.

9. ____ Un adulte qui parle à un chien.

10. ____ Un adulte qui parle à son médecin.

Quand le petit prince, un enfant, parle au pilote, il le tutoie. Trouvez-vous cet emploi normal?

Base lexicale

A. Adverbes. Comparez le mot anglais à son équivalent français. Que signifie le suffixe *-ment?* De quelle partie du discours s'agit-il?

Pour réviser la formation des adverbes, voir l'Appendice grammatical, page 188.

anglais	**français**
sadly	tristement
happily	heureusement
slowly	lentement
patiently	patiemment
lightly	légèrement

Que veulent dire les mots suivants?

1. modestement
2. sérieusement
3. doucement
4. gravement
5. mystérieusement

B. Mots apparentés. À quels mots anglais les formes suivantes sont-elles apparentées? Donnez leur traduction.

1. révéler   _____
2. irriter   _____
3. trésor   _____
4. choquer   _____
5. gravement   _____

C. Les questions. Situez ces trois verbes et expressions dans le texte, et étudiez bien le contexte de chacun. Ensuite, écrivez une phrase en vous servant du verbe donné.

1. poser une question   _____
2. demander   _____
3. interroger   _____

Base structurale

Les temps verbaux. Classez les temps verbaux dans les phrases tirées du texte qui suivent. Ensuite, identifiez la fonction de chaque temps en vous servant de ces descriptions.

Pour réviser les temps verbaux, voir l'Appendice grammatical, pages 173–185.

le présent	le passé composé	le passé simple	l'imparfait	le futur
• action habituelle • action en train de se dérouler (*in the midst of happening*) • état d'esprit • identification • phrase hypothétique	• événement achevé (*completed*)	• événement achevé	• action habituelle • descriptions • action en train de se dérouler • état d'esprit dans le passé	• action future • phrase hypothétique

1. Le petit prince, qui me posait beaucoup de questions, ne semblait jamais entendre les miennes. Ce sont des mots prononcés par hasard qui, peu à peu, m'ont tout révélé.
2. Ainsi, quand il aperçut pour la première fois mon avion (je ne dessinerai pas mon avion, c'est un dessin beaucoup trop compliqué pour moi) il me demanda...
3. Et le petit prince eut un très joli éclat de rire qui m'irrita beaucoup. Je désire que l'on prenne mes malheurs au sérieux.
4. —Bien sûr. Et si tu es gentil, je te donnerai aussi une corde pour l'attacher pendant le jour.

Le Petit Prince (extrait)

A pilot, stranded in the Sahara Desert, is attempting to repair his airplane when his work is interrupted by the arrival of the little prince. In the first part of their conversation, the little prince asks the pilot to draw him a sheep, then a crate in which to keep him. The conversation now turns to the pilot's plane.

Il me fallut° longtemps pour comprendre d'où il venait. Le petit prince, qui me posait beaucoup de questions, ne semblait jamais entendre les miennes°. Ce sont des mots prononcés par hasard° qui, peu à peu°, m'ont tout révélé. Ainsi, quand il aperçut pour la première fois
5 mon avion (je ne dessinerai° pas mon avion, c'est un dessin beaucoup trop compliqué pour moi) il me demanda:

—Qu'est-ce que c'est que cette chose-là?

—Ce n'est pas une chose. Ça vole. C'est un avion. C'est mon avion.

10 Et j'étais fier° de lui apprendre° que je volais°. Alors il s'écria:

—Comment! tu es tombé du ciel!

—Oui, fis-je° modestement.

—Ah! ça c'est drôle°...

Et le petit prince eut un très joli éclat de rire° qui m'irrita beau-
15 coup. Je désire que l'on prenne mes malheurs au sérieux°. Puis il ajouta:

—Alors, toi aussi tu viens du ciel! De quelle planète es-tu?

J'entrevis° aussitôt une lueur, dans le mystère de sa présence, et j'interrogeai brusquement:

20 —Tu viens donc d'une autre planète?

Mais il ne me répondit pas. Il hochait° la tête doucement tout en regardant° mon avion:

— C'est vrai que, là-dessus°, tu ne peux pas venir de bien loin...

Il... It took me

les... mine / **par...** at random
peu... little by little
will draw

proud / **lui...** to inform him / flew

I said

funny

éclat... burst of laughter

l'on... people take my misfortunes seriously

glimpsed, caught sight of

nodded

en... while watching

in that, i.e., in that airplane

Et il s'enfonça dans une rêverie qui dura longtemps. Puis, sortant
25 mon mouton° de sa poche, il se plongea dans la contemplation de son
trésor.

    sheep

Vous imaginez combien j'avais pu être intrigué° par cette demi-
confidence sur « les autres planètes ». Je m'efforçai donc d'en savoir
plus long°:

    puzzled, intrigued

    Je... I tried to find out more about it

30   —D'où viens-tu mon petit bonhomme? Où est-ce « chez toi »? Où
veux-tu emporter° mon mouton?

    carry off

    Il me répondit après un silence méditatif:

    —Ce qui est bien, avec la caisse° que tu m'as donnée, c'est que, la
nuit, ça lui servira de maison.

    box, crate

35   —Bien sûr. Et si tu es gentil, je te donnerai aussi une corde pour
l'attacher pendant le jour. Et un piquet°.

    stake

    La proposition parut choquer le petit prince:

    —L'attacher? Quelle drôle d'idée°!

    —Mais si tu ne l'attaches pas, il ira n'importe où°, et il se perdra.

    Quelle... What a strange idea!
    n'importe... no matter where

40   Et mon ami eut un nouvel éclat de rire:

    —Mais où veux-tu qu'il aille°!

    —N'importe où. Droit° devant lui...

    Alors le petit prince remarqua gravement:

    Mais... But where do you expect him to go?
    Straight ahead

    —Ça ne fait rien°, c'est tellement petit, chez moi!

    Ça... That doesn't matter

45   Et, avec un peu de mélancolie, peut-être, il ajouta:

    — Droit devant soi° on ne peut pas aller bien loin...

    oneself

Construction du sens

A. Vrai ou faux? Indiquez si les affirmations suivantes sont vraies ou fausses.

    1. _____ Le pilote comprend tout de suite d'où vient le petit prince.

    2. _____ Le petit prince pose beaucoup de questions.

    3. _____ Le petit prince fait très attention aux questions du pilote.

    4. _____ Le petit prince est arrivé en avion.

5. _____ Le pilote sort un dessin d'un mouton de sa poche.

6. _____ Le pilote offre d'attacher le mouton à un piquet.

7. _____ Le petit prince pense que c'est une bonne idée.

B. Avez-vous compris? Répondez aux questions suivantes.

1. D'où vient le petit prince?
2. Comment réagit le narrateur à cette révélation?
3. Pourquoi le petit prince est-il content de la caisse?
4. Pourquoi le narrateur offre-t-il de donner une corde au mouton?
5. Comment réagit le petit prince?

C. Vocabulaire. Complétez les phrases suivantes avec le mot qui convient.

1. Un avion est une chose qui _____.
2. La caisse sera la maison du _____.
3. Le petit prince demande au pilote s'il est tombé du _____.
4. Le petit prince sort un dessin de sa _____.
5. Le petit prince dit que sur sa planète on ne peut pas aller bien _____.

D. Lecture à haute voix. Avec un(e) partenaire, lisez le dialogue du texte. Après l'avoir lu une fois, changez de rôle. Lisez le dialogue plusieurs fois, et essayez d'apprendre par cœur quelques échanges.

Pour aller plus loin

A. Reconstitution de texte (première version). Imaginez que vous êtes le pilote qui vient de retourner chez lui. Vous racontez cet épisode à un ami.

B. Reconstitution de texte (deuxième version). Maintenant imaginez que vous êtes le petit prince qui vient de retourner sur sa petite planète. Racontez l'épisode de votre point de vue.

C. Aide visuelle. Regardez bien le dessin du petit prince sur sa planète. Décrivez l'image en faisant attention à tous les détails.

D. Variation. Dans la scène que vous venez de lire, c'est le petit prince qui est « l'étranger ». Supposez maintenant que c'est le pilote qui est l'étranger, visitant la planète de son petit ami pour la première fois. Imaginez le dialogue.

Le Conte antillais

Décrivez la scène.

Sur l'origine...

Although literature in written form is a relatively recent phenomenon in the French Antilles, the spoken word has always assumed a great importance. Since the end of the seventeenth century, the Creole language[1] has been the chief vehicle of communication among people of differing African ethnic origins. The tale reproduced here, an excerpt from the "cycle" of **Compère Lapin** and **Compère Tigre,** is representative of an important genre in the French Antilles as well as in Guiana.

Fondements de la lecture

Base culturelle

Connaissez-vous la Guadeloupe? Employez la carte des Antilles et le petit passage historique qui l'accompagne pour répondre aux questions suivantes.

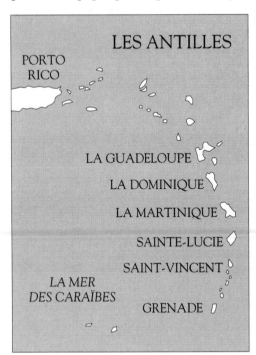

La Guadeloupe (France)

Superficie: Un archipel de 9 îles habitées: 1 780 km[2], la moitié de la taille du Rhode Island.
Population: 387 000.
Langues principales: Le créole et le français, qui est langue officielle.
Capitale: Pointe-à-Pitre (préfecture).
Gouvernement: Département français d'outre-mer (comme pour le reste de la France: représenté au Parlement de la République française et administré par un préfet nommé par le gouvernement français).
Devise: Le franc français.
Histoire: Visitée par Christophe Colomb, la Guadeloupe a été occupée par les Français à partir de 1635. L'esclavage a été aboli en 1848. Devenues département français en 1946, les îles connaissent l'agitation autonomiste, quelquefois violente, depuis les années 60.

---

[1] *Creole* is the name of a language composed of elements borrowed from French, Spanish, English, Dutch, Portuguese, and African languages. Its form varies from region to region. It is the native language of Martinique, Guadeloupe, Haiti, Guiana, Réunion, etc.

1. Quelles îles composent les Antilles?
2. Comparez la population et la superficie des Antilles à celles de votre ville ou état.
3. Pendant combien de temps la Guadeloupe est-elle restée une colonie française? Quel est son statut actuel?

Base générique

A. Le titre. Quelles qualités associez-vous aux personnages présentés dans le titre de ce conte? Voici quelques possibilités. Ajoutez vos propres adjectifs.

timide, astucieux, diabolique, puissant, rapide, ???

Compère Lapin	le Grand Diable

B. Le conte folklorique. Que savez-vous déjà du conte folklorique? Choisissez les affirmations qui s'appliquent.

1. Le conte folklorique appartient à la tradition orale.
2. On trouve une morale à la fin d'un conte folklorique.
3. Les contes folkloriques sont longs et d'une grande complexité structurale.
4. Dans les contes folkloriques, les animaux représentent souvent des « types » humains.
5. Le conte folklorique peut contenir des invraisemblances (*unlikely elements*).
6. Dans un conte folklorique, on trouve des abstractions et des notions philosophiques.

C. Le récit. Lisez le premier paragraphe du récit. Ensuite, indiquez lesquelles des suites (*continuations*) vous semblent les plus vraisemblables (*likely*).

1. Le Grand Diable donne à manger au Lapin.
2. Le Lapin attrape le Grand Diable et le mange.
3. Le Grand Diable mange le Lapin.
4. Le Lapin joue un tour (*plays a trick on*) au Grand Diable.
5. Le Grand Diable demande au Lapin de l'aider à réaliser ses buts (*goals*) diaboliques.

Base lexicale

A. **Synonymes.** Trouvez le synonyme dans la colonne II qui correspond aux mots dans la colonne I.

I	II
1. juste	a. demander
2. abattu	b. manger
3. sot	c. accomplir
4. réclamer	d. correct
5. se mettre sous la dent	e. triste
6. réaliser	f. fou

B. **Mots apparentés.** À quels mots anglais les formes suivantes sont-elles apparentées? Donnez leur traduction.

1. réfléchir   _____

2. échapper   _____

3. appel   _____

4. perplexe   _____

5. retour   _____

C. **Faux amis.** Les faux amis ressemblent aux mots anglais, mais signifient quelque chose de complètement différent. Pour chacun des mots dans la colonne I, trouvez la bonne traduction dans la colonne II.

I	II
1. coin	a. *to achieve*
2. travailler	b. *tooth*
3. réaliser	c. *strong; very*
4. dent	d. *to work*
5. fort	e. *corner*

Base structurale

Le passé simple et l'imparfait. Lisez les deux premiers paragraphes du texte et identifiez la fonction de chaque emploi du passé simple et de l'imparfait.

Pour réviser la formation et l'emploi du passé simple et de l'imparfait, voir l'Appendice grammatical, pages 177–179.

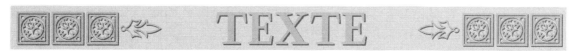

Compère² Lapin et le Grand Diable

(traduit en français)

Les enfants et la femme de Lapin mouraient de faim, car celui-ci n'avait rien à leur donner pour se mettre sous la dent. Il se décida à aller leur chercher un peu de liane douce°, mais par manque d'attention il pénétra sur les terres du Grand Diable.

5   Dès qu'il s'en rendit compte, ce dernier se précipita° et lui demanda ce qu'il faisait là.

—Je prends quelques branches pour nourrir ma famille!

—Vous ne savez donc pas que vous êtes sur mes terres? et que je vais vous manger?

10   Lapin répliqua:

—Mais Patron, un petit animal comme moi ne remplirait qu'un tout petit coin de votre estomac! Vous gagneriez davantage à me faire travailler pour votre compte°.

—Ce que vous dites est fort juste, reprit° le Diable... Faites-moi

15   donc trois planches d'eau°... Si à mon retour ce n'est pas fait, alors je vous mangerai et ce sera sans appel°...

Et il s'en alla... Lapin réfléchissait et pensait que c'était impossible à réaliser. Il ne voyait pas comment échapper à la mort et pensait à sa femme et à ses enfants.

20   Il était donc là, bien abattu quand Commère la Criquette vint à passer:

—Alors, Compère Lapin, pourquoi êtes-vous triste?

liane... liana (*a type of vine*)

se... rushed up

Vous... You would gain more in having me work on your behalf
continued

planches... planks (or boards) made out of water
sans... without appeal

---

²**compère, commère:** Titles that imply close association or affection, although not necessarily family relation.

—J'ai que° le Grand Diable exige de moi, sous peine de mort°, que je lui fasse° trois planches d'eau.

J'ai... It is that / **sous...** under threat of death **que...** that I make for him

25 —Et vous voilà anéanti° à cette pensée! Mais mon cher, vous êtes un sot...

overwhelmed, done in

—Moi un sot?... répliqua Lapin, comment l'entendez-vous ma commère?... Ce n'est pas vous qui risquez d'être mangée.

—Eh compère, quand le Grand Diable viendra réclamer les

30 planches d'eau, vous n'aurez qu'à lui dire qu'elles sont prêtes, mais qu'il vous faut pour les lui porter une torche de fumée°.

torche... torch made out of smoke

Quand le Grand Diable arriva pour réclamer les planches d'eau, Lapin lui fait la réponse suggérée par son amie. Le Grand Diable fit appel à tous ses amis diables et diablotins° pour lui faire de la fumée,

little devils

35 mais personne ne put° réaliser la torche de fumée. Alors, il demanda à Lapin:

personne... no one could

—Comment peut-on faire une torche de fumée?

Lapin lui répondit:

—De la même manière qu'on peut réaliser les planches d'eau.

40 Le Diable resta planté à la même place, perplexe, et Lapin put s'en aller retrouver sa femme et ses enfants.

Compè Lapin épi grand guiab
(en créole)

An jou Compè Lapin pa té ni ayen pou i té ba fam-mille li mangé. Dépi madam-me, dépi iche téka mô faim. Alos i pâti pou allé chèché ti brin lian-ne douce pou ba yo mangé. Évoilà que san fè expré i trouvé cô ï assou tè grand guiab'la.

5   Ensem-me i ouè î, grand guiab'la allé oti ï é i mandé ï ça i
ka fè la.

    —Cé ti brin mangé moin ka pren pou iche moin.

    Grand guiab'la répon-ne:

    —Esse ou pa save moune pa ni doua vini ici a? Ou assou
10   tè moin é moin kaille mangé ou à la sauche blanche.
Lapin dit ï:

    —Mais patron, con ou mangé moin, moin pa kaille main-
me plein an ti coin l'estomac ou. Metté moin au travail ou
kaille ni plisse bénéfice.

15   Grand guiab'la répon-ne:

    —Ça ou di a vrai. Moin kaille ba ou fè trois planches
d'Ieau ba moin. Si ou pa fè yo, à l'hé ta la, moin pa kaille
passé lan main, é moin kaille mangé ou.

    É guiab'la pâti. Lapin rété trisse, ka songé madam-me li
20   épi iche li. I ka pansé: « qui man-nié an moune pé fè trois
planches d'eau? » Pendant i ka réfléchi, ma coumè Criquette
vini passé, i ka dit ï con ça:

    —Compè, ça ou ni ou trisse con ça non?

    —Ah, ma coumè, cé grand guiab'la qui join-ne moin
25   asoute tè ï, é qui dit moin con ça, si moin pa fè trois planches
d'Ieau baille i kaille mangé moin.

    Criquette répon-ne li:

    —Coument, cé pou ça sèlement ou trisse con ça ou pas
ouè ou trop sotte.

30   —Moin trop sotte ma coumè, si i mangé moin, qui ça iche
moin épi madame moin kaille duvini?

    —Eh ben, compè, l'hè i kaille vini ou kaille di ï cé
planches la faite, mais foc ou mni an tôche la fumain pou ou
pé pôté ï baille.

suite, page 88

35   Quand guiabl'la rivé Lapin dit ï con ça, i crié toutes guiab'can-marade lui, épi toute diablotin é yo coummencé la fumain. Mais yo piesse pa té sa fè an tôche la fumain. Alor grand guiab'la dit ba Lapin:

    —Coument ou vlé moin fè an tôche la fumain.

40   Lapin répon-ne ï:

    —Main-me man-niè pou fè cé trois planches d'Ieau a.

    Grand guiab'la rété la con an ababa, é Lapin sauvé cô ï viré join-ne madam-me li épi iche li.

Construction du sens

A. **Compréhension du texte.** Reconstruisez l'histoire en finissant les débuts de phrase suivants.

  1. Le Grand Diable menace le Lapin parce que...
  2. Le Lapin dit au Grand Diable...
  3. Le Grand Diable demande au Lapin de lui faire...
  4. Commère la Criquette conseille au Lapin de...
  5. Quand le Grand Diable arrive pour demander les planches d'eau...
  6. Le Lapin s'est tiré d'affaire parce que...

B. **Titres.** Divisez le conte en parties; donnez un titre à chaque division. Voici des suggestions: la menace, le prologue, le défi (*challenge*), le dénouement (*outcome*), ???

C. **Les traits de caractère.** Après votre lecture du conte, quels traits de caractère attribuez-vous à chaque personnage? Comparez vos réponses au classement fait dans l'exercice A dans la partie **Base générique,** page 83. Avez-vous bien prévu (*predicted*) leurs attributs?

Pour aller plus loin

A. **Symboles.** Dans le contexte du colon et du colonisé, que représente Compère Lapin? et le Grand Diable? Citez des passages dans le conte pour justifier votre réponse.

B. **Un proverbe.**   Comment interprétez-vous ce proverbe guadeloupéen?

> Douvan poule ravett' pas ni raison.
> *Devant la poule le cancrelat* (cockroach) *n'a jamais raison.*[3]

Ce proverbe s'applique-t-il au conte que vous venez de lire? Modifiez-le pour qu'il exprime mieux la morale de la fable.

C. **Variation.**   Voici un proverbe qui vient de la Guyane:

> Macaque saver qui bois li qua monter.
> *Le singe choisit l'arbre sur lequel il doit grimper.*[4]

Que signifie-t-il, selon vous? Voici quelques possibilités:

> *Don't put all your eggs in one basket.*
> *Choose your battles well.*
> *If at first you don't succeed, try again.*

En petits groupes, composez une fable pour en illustrer le sens. Utilisez Compère Lapin et le Grand Diable, ou d'autres animaux ou personnages de votre choix.

D. **Le créole.**   Regardez le texte en créole. Quels mots français reconnaissez-vous? Dans le premier paragraphe, trouvez les mots pour...

1. un jour
2. manger
3. alors il
4. partir pour aller chercher
5. et voilà

---

[3]Interprétation: La raison du plus fort est toujours la meilleure.
[4]Interprétation: On ne s'attaque pas à n'importe qui.

Claude Roy

Identifiez en français autant de ces objets que possible.

> ❦
>
> *Sur l'auteur...*
>
> Claude Roy was born in Paris in 1915. During his career, he produced a great variety of writings: poetry, translations, travel essays, literary and art criticism, and journalistic pieces. In this excerpt from *La Maison qui s'envole,* Roy's talent as a storyteller is highlighted as he recounts the tale of household objects that come to life.

Fondements de la lecture

Base culturelle

A. **L'éducation des enfants.** Lesquels des commentaires suivants caractérisent l'éducation des enfants américains en général?

- ☐ Ils ont beaucoup de liberté pendant leur enfance.
- ☐ Ils sont traités comme de petits adultes.
- ☐ On est très indulgent envers ces enfants.
- ☐ On encourage la créativité chez ces enfants.
- ☐ La discipline est un élément important dans leur éducation.
- ☐ L'aîné a plus de liberté que le cadet.

B. **Discussion.** Lesquels de ces commentaires ont provoqué le plus de discussion dans votre tentative de classement? L'éducation des enfants américains a-t-elle évolué? Était-elle plus stricte ou plus laxiste autrefois? Préférez-vous l'éducation sévère ou indulgente?

TEXTE I

Base lexicale

A. **Descriptions.** Dans cet extrait, vous allez lire la description des quatre enfants de la famille Petit-Minet: Hermine, Jules, Éric et Jacques. Parcourez (*Skim*) le texte et trouvez la phrase où la description de chaque enfant commence.

B. Classez. Maintenant, relisez ces descriptions et remplissez la grille suivante.

Nom de l'enfant	Âge relatif aux autres	Description des yeux	Description des cheveux	Traits de caractère
Hermine				
Jules				
Éric				
Jacques				

C. Un portrait. Écrivez un petit portrait d'un des enfants en utilisant les renseignements classés dans la grille.

D. Prédictions. Plus tard dans cette histoire, les enfants vont perturber la tranquillité de leur maison. Parcourez le passage encore une fois et trouvez un adjectif utilisé pour décrire les enfants qui peut expliquer leur comportement.

Base structurale

L'imparfait. Trouvez tous les verbes à l'imparfait dans cet extrait et expliquez leur fonction.

Le plus-que-parfait. Dans les phrases suivantes, tirées du texte, indiquez quelle action précède quelle autre action.

1. Mais comme il oubliait tout de suite ce qu'on lui avait répondu, il était très ignorant (*uninformed, unknowing*).
2. Jules ne parlait jamais, et d'ailleurs il n'avait jamais essayé.
3. On avait cru qu'il allait se mettre à (*begin*) parler.

Pour réviser la formation et l'emploi de l'imparfait et du plus-que-parfait, voir l'Appendice grammatical, pages 178–179.

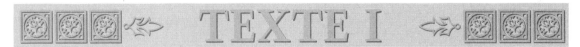

La Maison qui s'envole
(extraits)

*Où il est question de quatre enfants
nommés respectivement
Hermine, Éric, Jacques et Jules*

Les enfants s'appelaient Hermine, Jules, Éric et Jacques. Mais M. et Mme Petit-Minet les appelaient tout simplement: les enfants. Ce qu'on aime bien n'a pas de nom. Les enfants disaient: « La Maison », et ils étaient heureux. Les parents disaient: « Les enfants » et ils

5 étaient très contents. Car c'étaient vraiment de très beaux enfants, quoi qu'un peu désobéissants°.

Hermine, qui était l'aînée°, avait des cheveux blonds couleur de maïs, tressés en deux grandes nattes°. Elle les nouait° avec un ruban dont la couleur était différente chaque jour de la semaine: violet, in-

10 digo, bleu, vert, jaune, orangé, rouge. Elle avait aussi de grands yeux couleur d'eau froide, des yeux raisonnables et attentifs. Éric, le second, était aussi brun que sa sœur était blonde, aussi bavard qu'elle était calme, aussi malicieux° qu'elle était douce. « Cet enfant ne sait pas quoi inventer pour nous faire enrager », disaient les parents. Mais

15 ce n'était pas vrai, car il savait très bien quoi inventer. Il inventait toute la journée, et même en dormant. Jacques l'écoutait inventer des aventures, des mécaniques, des explorations et il gardait la bouche grande-ouverte-toute-ronde, tellement les inventions d'Éric l'étonnaient°. D'ailleurs°, tout étonnait Jacques. Il ne parlait jamais que°

20 pour poser des questions. À force de° poser des questions, il aurait dû être° savant. Mais comme il oubliait tout de suite ce qu'on lui avait répondu, il était très ignorant°. « Si je savais tout, pensait-il,

Glossary (right margin):

quoi... although a bit disobedient
eldest
braids / tied

mischievous

tellement... so much did Eric's inventions astonish him / Moreover / **Il...** He only ever spoke
À... By dint of, by virtue of
aurait... should have been
il... he didn't know much

je ne pourrais plus poser de questions. Et c'est tellement agréable d'interroger! »

25   Jules ne parlait jamais, et d'ailleurs il n'avait jamais essayé. On l'appelait le petit Jules, ou bien Bébé. Et vraiment il était très petit. Il avait dit un jour « Papa ». On avait cru qu'il allait se mettre à° parler. Mais ç'avait été une fausse alerte°. Les parents avaient fait tant d'his-toires en annonçant que Bébé parlait, qu'on ne l'y avait pas repris°. Il
30 gardait ses pensées pour lui. Comme cela, on ne risque pas d'ennui°. Il n'avait pas beaucoup de dents, pas beaucoup de cheveux non plus. Mais il aimait bien ce qu'il avait. Quand on n'est pas très riche, on ap-précie mieux ce qu'on a.

se... to begin

fausse... false alarm

on... he was never put in this situation again trouble

Construction du sens

Portraits. Associez un des enfants à chacun des adjectifs suivants. Citez un passage du texte pour illustrer votre réponse.

1. rêveur/-euse
2. espiègle (*mischievous*)
3. sérieux/-euse
4. oublieux/-euse
5. silencieux/-euse
6. calme
7. grand parleur
8. énervant(e)

TEXTE II

Base générique

Prédictions. Regardez le titre du passage. Lesquels des commentaires suivants semblent les plus logiques, d'après le titre?

1. Les enfants vont être punis quand leurs parents découvriront la destruction.
2. Les grands-parents des enfants les ont encouragés à démonter des objets pour protester l'absence de leurs parents.
3. Un seul enfant n'a pas participé avec les autres.
4. Les enfants ont réfléchi longtemps avant de décider de démonter les objets.
5. Les enfants s'ennuyaient; alors, ils ont décidé de démonter les objets.
6. Les enfants étaient seuls quand ils ont décidé de démonter les objets.

Base structurale

Le passé simple. Donnez l'infinitif et le passé composé qui correspondent aux verbes suivants.

**Pour réviser la for-
mation du passé
simple, voir l'Ap-
pendice grammati-
cal, page 177.**

forme conjuguée	infinitif	passé composé
ils durent		
il s'endormit		
ils mirent		
ils dirent		
ils démontèrent		
il donna		
il fallut		
on crut		
il redevint		
il fut		
ils tinrent		
ils entrèrent		
il y eut		
ils commencèrent		

TEXTE II

*Comment les enfants furent pris de la passion
de démonter° les choses, et commencement
des ennuis qu'ils en éprouvèrent°*

take apart

felt

À quelques jours de là les parents durent s'absenter. Ils avaient été
invités° par le général Dourakine à passer une semaine dans sa pro-
priété, en compagnie du capitaine Grant, de M. et de Mme Choppart,

Ils... They had been invited

du capitaine Corcoran et du sapeur° Camnber.   military engineer

5   —Grand-père surveillera les enfants, déclara M. Petit-Minet, et
Nounou s'occupera d'eux.

—Parfaitement, dit Grand-père, et il s'endormit.

M. et Mme Petit-Minet mirent leurs beaux habits°, des gants   clothes
couleur de beurre frais et de crème Chantilly, et ils dirent aux enfants:

10   —Surtout, soyez sages. Ne démontez pas la pendule du salon et ne
jouez pas avec les allumettes.

Construction du sens

Qu'est-ce qui s'est passé?   Répondez aux questions suivantes.

1. Où sont allés M. et Mme Petit-Minet? Pour combien de temps?
2. Qui allait garder les enfants?
3. Quel est le dernier conseil donné aux enfants? Qu'est-ce qui va se passer après le départ des parents, selon vous?

TEXTE III

Base lexicale

A. Les appareils ménagers. Dans quelle(s) pièce(s) peut-on trouver les appareils ménagers suivants?

Objets	Pièces
une pendule	la salle à manger
un piano à queue	la salle de séjour
une armoire	la chambre
une lampe	les toilettes
un fauteuil	la cuisine
un miroir	la salle de bains
une cuisinière	
une casserole	
une râpe à gruyère	

B.   La personnalité des objets.   Dans cet extrait de l'histoire, les objets commencent à parler de leur situation. Imaginez la personnalité des objets suivants en vous inspirant de leur forme ou de leur fonction.

MODÈLE: une pendule (*a clock*)

> **La pendule est très précise et très attentive, puisqu'elle doit indiquer l'heure juste et régler l'action des gens.**

Vocabulaire utile: agressif, confortable, doux, violent, harmonieux, énervant, douloureux

1. un tisonnier (*a fireplace poker*)
2. un fauteuil (*an armchair*)
3. un moulin à café (*a coffee grinder*)
4. un piano à queue (*a grand piano*)
5. une armoire à glace (*a mirrored armoire*)

C.   Prédictions.   Réfléchissez au titre de cet extrait et imaginez son contenu en vous aidant des mots de vocabulaire suivants.

tenir un conseil de guerre (*war council*)
faire un cortège solennel
chanter l'hymne des Objets ménagers
faire un grand tumulte
ouvrir la séance (*begin the meeting*)
faire des délibérations

TEXTE III

Comment les choses, en ayant assez° d'être démontées, prirent de grandes décisions

en... having had enough

Le lundi matin, donc, les enfants démontèrent la pendule° du salon.

Le lundi après-midi, ayant trouvé cela° très amusant, très intéressant (et très instructif), ils démontèrent le moulin à café° de Maria, la
5   cuisinière°.

clock

ayant... having found this (to be)
le moulin... coffee grinder
cook

Le mardi matin, ils démontèrent le piano à queue°. C'était un gros morceau, et cela leur donna beaucoup de souci. Le petit Jules était venu les aider et il tomba dans le piano. Il fallut envoyer une expéditions de secours, avec des cordes°, des pioches°, une échelle° et des

10   piolets°. Le petit Jules avait eu très peur.

Le mardi après-midi, ils achevèrent° de démonter le piano à queue.

Le mercredi matin, ils démontèrent la suspension° de la salle à manger. Le petit Jules voulut les aider et faillit s'envoler° avec la sus-

15   pension. Hermine avait ouvert la fenêtre, et le courant d'air° balançait dangereusement la suspension, elle risquait de s'échapper comme un ballon dirigeable. Mais Éric tira° très fort sur le fil électrique°, et la suspension resta entre leurs mains, avec son passager.

Le mercredi après-midi, ils démontèrent le poste de T.S.F.° Le pe-

20   tit Jules ayant avalé° le haut-parleur° se mit à parler en anglais, en allemand, en chinois et en espagnol. On crut qu'il avait enfin le don de la parole°. C'était une fausse alerte. Hermine lui tapa dans le dos, il rendit° le haut-parleur, et redevint° muet.

[...]

25   —Ils vont démonter la maison tout entière, expliqua le perroquet° Coco au chat Léonard.

Et le chat Léonard, qui se promène dans toute la maison, confia° à l'armoire à glace° du premier étage:

—Ils veulent démonter la maison tout entière.

30   L'armoire à glace, qui est très raisonnable parce qu'elle réfléchit beaucoup, glissa à l'oreille° des tisonniers°:

—Ils ont l'intention de démonter la maison de haut en bas°.

Les tisonniers en informèrent la commode, qui passa le mot aux armoires et aux coffres°, qui prévinrent° les lampes, qui firent signe

35   aux fauteuils et aux chaises, qui apprirent° la chose à Nicodème, le serin°, et à Pulchérie, la perruche°. Le serin et la perruche répétèrent toute la journée:

le piano... grand piano	
ropes / picks / ladder	
axes	
finished	
ceiling light fixture	
faillit... almost flew away	
courant... draft	
pulled / **fil...** electric cord	
le... the radio (**télégraphie sans fil**)	
ayant... having swallowed / loudspeaker	
le... the gift of speech	
threw up / became again	
parakeet	
confided	
l'armoire... mirrored armoire (wardrobe)	
glissa... whispered / fireplace pokers	
de haut... from top to bottom	
chests / warned	
conveyed, told	
canary / budgie (*type of bird*)	

—Ils vont démonter les serins et les perruches pour voir comment c'est fait! Ils vont démonter les serins et les perruches!

40   Et ils pleuraient comme savent pleurer les serins et les perruches, toutes les larmes° de leur corps.   *tears*

C'est bien inutile de pleurer, gronda° le grand poêle° de l'entrée, et ça ne nous avancera pas. Il faut passer à l'action.   *scolded / wood stove*

—Il faut passer à l'action, dirent les armoires à glace.

45   —Il faut passer à l'action, reprirent° les chaises et les fauteuils.   *continued*

—À l'action! s'écrièrent° les miroirs.   *cried out*

—Action! conclurent les armoires.

Et la cuisinière (pas Maria: la cuisinière de fonte émaillée°), la cuisinière qu'on venait d'allumer, rugit°:   **fonte...** *enameled cast iron*; *bellowed*

50   Je vais leur montrer de quel bois je me chauffe°.   **de...** *lit: what kind of wood heats me up, i.e., what I am made of*

Le soir même, quand tout le monde fut couché dans la maison, les objets ménagers et les animaux domestiques, leurs amis, tinrent un grand conseil de guerre. Ils entrèrent en cortège solennel dans le salon, fraternellement unis°, les vases de Chine bras dessus, bras   *united*

55   dessous° avec les chaudrons°, les casseroles auprès des° tapis de Perse, les chaises en bois blanc de l'office° à côté des fauteuils de tapisserie du fumoir°, et la râpe à gruyère° fermait la marche.   **bras dessus...** *arm in arm / kettles /* **auprès...** *near* **chaises...** *light-colored kitchen chairs smoking room /* **râpe...** *cheese grater*

L'armoire à glace présidait. On chanta l'*Hymne des Objets ménagers* qui commence comme cela:

60
> *Nous sommes objets,*
> *Objets quotidiens°,*   *of daily use, ordinary*
> *Sages et rangés°,*   *in order*
> *Satisfaits d'un rien.°*   **d'un...** *with little*
> *On nous époussette°*   *dust*
65
> *On se sert de nous.*
> *Lampes, allumettes,*
> *Tapis et bijoux,*
> *Balais et fauteuils,*
> *Rideaux et miroirs,*

70   *Objets sans orgueil°*   pride
            Du matin au soir,
            Nous servons les hommes
            Très utilement.
            Fidèles nous sommes
75   *Tout le long de l'an.*

—La séance est ouverte, déclara l'armoire à glace.

—La parole est au chat Léonard!

—Je veux parler le premier, s'écria alors le perroquet Coco.

Il y eut un grand tumulte, qui s'apaisa° enfin. Et les délibérations   quieted down
80 commencèrent.

Ce qui fut décidé...

Mais vous allez bien le voir!

Construction du sens

A. Jules. Le pauvre Jules a failli se faire très mal (*almost got badly hurt*) en essayant d'aider les autres à démonter les objets de la maison. Racontez ce qui lui est arrivé en utilisant le modèle suivant.

Quand les enfants démontaient _____, Jules a voulu les aider.

Malheureusement, il _____. Il a fallu _____ et Jules

_____.

B. Un bruit court (*A story goes around*). Racontez les événements avant et pendant le conseil de guerre en répondant aux questions suivantes.

1. Qui a été le premier à raconter les actions des enfants aux autres?
2. Qui a été le premier à décider de passer à l'action?
3. À quel moment le conseil de guerre a-t-il eu lieu (*take place*)?
4. Qui a présidé au conseil de guerre?

C. Personnalités (bis). Décrivez la personnalité des animaux, personnes et objets suivants. Citez un passage du texte pour justifier votre réponse.

1. le perroquet   3. la cuisinière
2. le serin et la perruche   4. l'armoire à glace

Pour aller plus loin

A. Imaginez. Imaginez la fin de l'histoire. Que vont faire les objets? Quelle sera la conséquence de leurs actions? Qu'est-ce qui arrivera aux enfants?

B. Seul(e) à la maison. Pendant votre enfance, vos parents vous ont-ils jamais laissé seul(e)? Parlez de vos pensées et de vos actions. Avez-vous fait des bêtises?

C. Chez vous. Si vos objets pouvaient parler et agir, que diraient-ils? Que feraient-ils?

Roch Carrier

Un match de hockey au Canada.

One of the best-known and respected writers in Québec, Roch Carrier (1937–) was educated in Canada and France, and holds a doctorate in literature from the Sorbonne. Although he has published several volumes of poetry, he is better known for his novels, short stories, and plays (which have been performed in various European countries). Carrier received the **Grand Prix Littéraire de la Ville de Montréal** for his collection of stories, *Les Enfants du bonhomme dans la lune.* Many of his stories, like the one presented here, concern the theme of childhood, take place in rural Québec, and display a well-developed sense of irony and humor.

Fondements de la lecture

Base culturelle

A. **Connaissez-vous le Québec?** Employez la carte du Québec et le petit passage historique qui l'accompagne pour répondre aux questions suivantes.

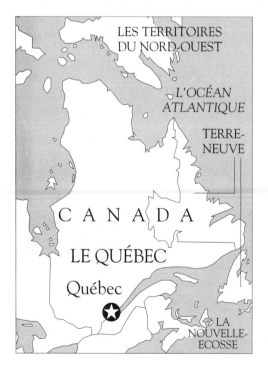

Le Québec (Canada)

Superficie: 1 540 680 km^2, à peu près la taille de l'Alaska.

Population: 6 532 465.

Langues principales: Le français, l'anglais. Le français est la seule langue officielle au Québec.

Capitale: Québec.

Gouvernement: Province du Canada (état fédératif, membre du Commonwealth). La question de la place du Québec à l'intérieur de la fédération canadienne (à majorité anglophone) n'est toujours pas résolue.

Devise: Le dollar canadien.

Histoire: Jacques Cartier explore le Canada pour la France en 1534; Samuel de Champlain fonde la ville de Québec en 1608. Au cours de la guerre de Sept Ans, Québec tombe aux mains des Anglais, et en 1763 la Nouvelle-France est cédée à l'Angleterre. « La Révolution tranquille » modernise et transforme la société québécoise au cours des années 60. En 1970, le Front de libération du Québec lance une campagne de terrorisme. Le Parti québécois (autonomiste) arrive au pouvoir en 1976, mais l'indépendance n'est pas approuvée au scrutin de 1980. En 1990, d'autres provinces rejettent l'accord du Lac Meech, qui devait régler la place du Québec comme « société distincte » au sein de la fédération canadienne. Les résultats d'un referendum en 1995 ont prouvé que le sentiment séparatiste reste très fort chez les Québecois.

1. Situez le Québec par rapport aux autres provinces canadiennes et aux états américains.
2. Comparez la population de la province à la population de votre ville ou état.
3. À quelle époque les premiers français sont-ils venus au Québec?
   a. au 15ème siècle   b. au 16ème siècle   c. au 17ème siècle
4. Quand le Québec est-il tombé sous contrôle anglais?
   a. au 16ème siècle   b. au 17ème siècle   c. au 18ème siècle

B. **Les sports.** Connaissez-vous les équipes de hockey canadiennes? Indiquez quelle équipe correpond à quelle ville. Les réponses sont données à la page 111.

Ville	Équipe
Vancouver	Flames
Montréal	Maple Leafs
Edmonton	Jets
Calgary	Canucks
Toronto	Canadiens
Winnipeg	Senators
Ottawa	Oilers

Base lexicale

A. **Les climats et les vêtements.** Dans les climats durs comme celui du Canada, il faut porter des vêtements chauds. Par exemple, dans le texte le narrateur parle du chandail qu'il doit porter. Quels sont d'autres vêtements chauds? Qu'est-ce qu'ils protègent? Choisissez le vêtement de la colonne B qui correspond à la description de la colonne A.

A	B
1. _____ Pour couvrir la tête	a. les bottes
2. _____ Pour protéger les mains	b. le manteau
3. _____ Pour marcher dans la neige	c. le foulard
4. _____ Pour protéger le corps contre le froid	d. les gants
5. _____ Pour protéger le cou contre le vent	e. le chapeau

B. Le sport.   Quels sports aimez-vous? Comment sont les sports les plus populaires? Décrivez les sports indiqués, en employant les adjectifs de la liste suivante.

MODÈLE: **Le football est populaire.**

1. le football
2. le football américain
3. le rugby
4. le golf
5. le hockey
6. le basket-ball
7. le tennis
8. le ping-pong
9. le base-ball
10. la gymnastique

a. violent
b. compliqué
c. populaire
d. passionnant
e. dangereux
f. amusant
g. difficile (à jouer)
h. facile (à jouer)
i. ennuyeux
j. intéressant

Base structurale

L'imparfait.   Analysez la fonction de l'imparfait dans les passages suivants. Pour chaque verbe à l'imparfait, indiquez s'il s'agit d'une description dans le passé, d'une action en train de se dérouler ou d'une action habituelle.

Pour réviser la formation et l'emploi de l'imparfait, voir l'Appendice grammatical, pages 178–179.

1. Tous, nous portions le même costume que lui, ce costume rouge, blanc, bleu des Canadiens de Montréal, la meilleure équipe de hockey du monde; tous nous peignions nos cheveux à la manière de Maurice Richard et, pour les tenir en place, nous utilisions une sorte de colle (*paste*), beaucoup de colle.

2. Elle commença de feuilleter le catalogue que la compagnie Eaton nous envoyait par la poste chaque année. Ma mère était fière. Elle n'a jamais voulu nous habiller au magasin général; seule pouvait nous convenir la dernière mode du catalogue Eaton. Ma mère n'aimait pas les formules de commande (*order forms*) incluses dans le catalogue; elles étaient écrites en anglais et elle n'y comprenait rien.

Une Abominable Feuille d'érable° sur la glace

Feuille... maple leaf

Les hivers de mon enfance étaient des saisons longues, longues.
Nous vivions en trois lieux: l'école, l'église et la patinoire; mais la
vraie vie était sur la patinoire. Les vrais combats se gagnaient sur la
patinoire. La vraie force apparaissait sur la patinoire. Les vrais chefs

5 se manifestaient sur la patinoire. L'école était une sorte de punition.
Les parents ont toujours envie de punir les enfants et l'école était leur
façon la plus naturelle de nous punir. De plus°, l'école était un endroit   **De...** moreover
tranquille où l'on pouvait préparer les prochaines parties de hockey,
dessiner les prochaines stratégies. Quant à l'église, nous trouvions là

10 le repos de Dieu: on y oubliait l'école et l'on rêvait à la prochaine par-
tie de hockey. À travers nos rêveries, il nous arrivait° de réciter une   **il...** it happened (occasion-ally) that we . . .
prière: c'était pour demander à Dieu de nous aider à jouer aussi bien
que Maurice Richard. Tous, nous portions le même costume° que lui,   uniform
ce costume rouge, blanc, bleu des Canadiens de Montréal, la meil-

15 leure équipe de hockey du monde; tous nous peignions nos cheveux à
la manière de Maurice Richard et, pour les tenir en place, nous utilisions une sorte de colle, beaucoup de colle. Nous lacions nos patins à
la manière de Maurice Richard, nous mettions le ruban gommé° sur   **ruban...** adhesive tape
nos bâtons° à la manière de Maurice Richard. Nous découpions dans   (hockey) sticks

20 les journaux toutes ses photographies. Vraiment nous savions tout à
son sujet.

Sur la glace, au coup de sifflet de l'arbitre, les deux équipes
s'élançaient sur le disque de caoutchouc°; nous étions cinq Maurice   **disque...** hockey puck
Richard contre cinq autres Maurice Richard à qui nous arrachions le

25 disque; nous étions dix joueurs qui portions, avec le même brûlant

enthousiasme, l'uniforme des Canadiens de Montréal. Tous nous arborions au dos° le très célèbre numéro 9.

Un jour, mon chandail des Canadiens de Montréal était devenu trop étroit°; puis il était déchiré ici et là, troué. Ma mère me dit:
30 « Avec ce vieux chandail, tu vas nous faire passer pour pauvres! » Elle fit ce qu'elle faisait chaque fois que nous avions besoin de vêtements. Elle commença de feuilleter le catalogue que la compagnie Eaton nous envoyait par la poste chaque année. Ma mère était fière. Elle n'a jamais voulu nous habiller au magasin général; seule pouvait nous
35 convenir la dernière mode° du catalogue Eaton. Ma mère n'aimait pas les formules de commande° incluses dans le catalogue; elles étaient écrites en anglais et elle n'y comprenait rien. Pour commander mon chandail de hockey, elle fit ce qu'elle faisait d'habitude; elle prit son papier à lettres et elle écrivit de sa douce calligraphie d'institutrice°:
40 « Cher Monsieur Eaton, auriez-vous l'amabilité° de m'envoyer un chandail de hockey des Canadiens pour mon garçon qui a dix ans et qui est un peu trop grand pour son âge, et que le docteur Robitaille trouve un peu trop maigre? Je vous envoie trois piastres° et retournez-moi le reste s'il en reste. J'espère que votre emballage va être mieux
45 fait que la dernière fois. »

Monsieur Eaton répondit rapidement à la lettre de ma mère. Deux semaines plus tard, nous recevions le chandail. Ce jour-là, j'eus l'une des plus grandes déceptions de ma vie! Je puis dire° que j'ai, ce jour-là, connu une très grande tristesse. Au lieu du chandail bleu, blanc, rouge
50 des Canadiens de Montréal, M. Eaton nous avait envoyé un chandail bleu et blanc, avec la feuille d'érable des Maple Leafs de Toronto. J'avais toujours porté le chandail bleu, blanc, rouge des Canadiens de Montréal; tous mes amis portaient le chandail bleu, blanc, rouge; jamais dans mon village, quelqu'un n'avait porté le chandail de To-
55 ronto, jamais on n'y avait vu un chandail des Maple Leafs de Toronto. De plus, l'équipe de Toronto se faisait terrasser° régulièrement par les triomphants Canadiens. Les larmes aux yeux, je trouvai assez de force pour dire:

arborions... sported on our back

tight

dernière... latest fashion
formules... order forms

douce... sweet school-teacher handwriting
auriez... would you be so kind

Canadian coins

Je... I can say

se... was thoroughly beaten

—J'porterai jamais cet uniforme-là.

60 —Mon garçon, tu vas d'abord l'essayer! Si tu te fais une idée° sur les choses avant de les essayer, mon garçon, tu n'iras pas loin dans la vie...

Si... If you make up your mind

Ma mère m'avait enfoncé sur les épaules le chandail bleu et blanc des Maple Leafs de Toronto et, déjà, j'avais les bras enfilés dans les

65 manches. Elle tira le chandail sur moi et s'appliqua à aplâtir° les plis de cette abominable feuille d'érable sur laquelle, en pleine poitrine° étaient écrits les mots Toronto Maple Leafs. Je pleurais.

s'appliqua... concentrated on smoothing out
en... right in the middle of the chest

—J'pourrai jamais porter ça.

—Pourquoi? Ce chandail-là te va bien°... Comme un gant...

te... fits you well

70 —Maurice Richard ne mettrait jamais ça sur le dos...

—T'es pas Maurice Richard. Puis, c'est pas ce qu'on se met sur le dos qui compte, c'est ce qu'on se met dans la tête...

—Vous me mettrez pas dans la tête de porter le chandail des Maple Leafs de Toronto.

75 Ma mère eut un gros soupir désespéré et elle m'expliqua:

—Si tu gardes pas ce chandail qui te fait bien, il va falloir que j'écrive° à M. Eaton pour lui expliquer que tu ne veux pas porter le chandail de Toronto. M. Eaton, c'est un Anglais; il va être insulté parce que lui, il aime les Maple Leafs de Toronto. S'il est insulté,

il... I'm going to have to write

80 penses-tu qu'il va nous répondre très vite? Le printemps va arriver et tu auras pas joué une seule partie° parce que tu auras pas voulu porter° le beau chandail bleu que tu as sur le dos.

tu... you won't have played a single game
tu... you won't have been willing to wear

Je fus donc obligé de porter le chandail des Maple Leafs. Quand j'arrivai à la patinoire avec ce chandail, tous les Maurice Richard en

85 bleu, blanc, rouge s'approchèrent un à un pour regarder ça. Au coup du sifflet de l'arbitre°, je partis prendre mon poste habituel. Le chef de l'équipe vint me prévenir que je ferais partie plutôt de la deuxième ligne d'attaque°. Quelques minutes plus tard, la deuxième ligne fut appelée; je sautais sur la glace. Le chandail des Maple Leafs pesait

Au... At the referee's whistle

je... I would instead be part of the second string

90 sur mes épaules comme une montagne. Le chef de l'équipe vint me dire d'attendre; il aurait besoin de moi à la défense°, plus tard. À la

à... on defense

troisième période, je n'avais pas encore joué; un des joueurs reçut un coup de bâton sur le nez, il saignait; je sautais sur la glace: mon heure était venue! L'arbitre siffla; il m'infligea une punition°. Il prétendait° **il...** he gave me a penalty / claimed

que j'avais sauté sur la glace quand il y avait encore cinq joueurs. C'en était trop°. C'était trop injuste! C'est de la persécution. C'est à cause **C'en...** This was too much

de mon chandail bleu! Je frappai mon bâton sur la glace si fort qu'il se brisa. Soulagé, je me penchai pour ramasser les débris. Me relevant, je vis le jeune vicaire°, en patins, devant moi: **priest**

—Mon enfant, ce n'est pas parce que tu as un petit chandail neuf des Maple Leafs de Toronto, au contraire des autres, que tu vas nous faire la loi°. Un bon jeune homme ne se met pas en colère. Enlève tes **que...** that you think you're better than everyone else

patins et va à l'église demander pardon à Dieu.

Avec mon chandail des Maple Leafs de Toronto, je me rendis° à **je...** I went

l'église, je priai Dieu; je lui demandai qu'il envoie au plus vite des mites° qui viendraient dévorer mon chandail des Maple Leafs de **envoie...** send some moths as soon as possible

Toronto.

Construction du sens

A. Questions. Répondez aux questions suivantes.

1. Quels sont les trois lieux les plus importants pour le garçon?
2. Qui est Maurice Richard?
3. Comment est-ce que les garçons imitent Maurice Richard? Pourquoi?
4. Combien de joueurs y a-t-il dans chaque équipe?
5. Pourquoi est-ce que la mère commande un nouveau chandail?
6. Pourquoi le garçon n'est-il pas content de ce chandail?
7. Pourquoi est-ce qu'on ne permet pas au garçon de jouer?
8. Qui l'envoie à l'église? Pourquoi?

B. Vrai ou faux? Dites si les affirmations suivantes sont vraies ou fausses.

1. Pour les garçons l'école est une sorte de punition.
2. Tous les garçons adorent Maurice Richard.
3. Maurice Richard joue avec l'équipe de Toronto.
4. La mère veut remplacer le chandail parce qu'elle n'aime pas ses couleurs.

5. Elle cherche un nouveau chandail dans le catalogue Eaton.
6. Le garçon est très content de son nouveau chandail.
7. Quand il arrive à la patinoire, tous les garçons s'approchent pour regarder le chandail.
8. Le garçon joue un peu, mais pas beaucoup.

Pour aller plus loin

A. Dialogue. Sans regarder le texte, écrivez un petit dialogue entre le garçon et sa mère au moment où le nouveau chandail arrive par la poste. Voici quelques mots dont vous pouvez vous servir.

passer	*to put on*
aller bien à quelqu'un	*to fit (someone) well*
enlever	*to take off*
se moquer de	*to make fun of*
avoir honte	*to be ashamed*
dire des bêtises	*to talk nonsense*

B. Une anecdote. Quand vous étiez enfant, à quels moments vos parents vous ont-ils embarassé(e)?

C. Variation. Racontez l'histoire du point de vue du garçon, mais changez la fin. Maurice Richard, lui-même, arrive pour regarder les jeunes joueurs de hockey. Le garçon qui porte le chandail de Toronto attire son attention.

D. Qui admirez-vous? Le narrateur, quand il était enfant, admirait beaucoup Maurice Richard. Avec votre partenaire, choisissez pour chaque catégorie une femme et un homme que vous respectez. Ensuite expliquez vos choix.

MODÈLE: **J'admire le président parce qu'il est honnête.**

1. le sport
2. le cinéma
3. la politique
4. la télé
5. votre famille

Réponses à la **Base culturelle**, Exercice B, page 105:

Vancouver Canucks, Montréal Canadiens, Edmonton Oilers, Calgary Flames, Toronto Maple Leafs, Winnipeg Jets, Ottawa Senators

Marguerite Duras

Au café en France.

—— ✦✦✦✦ ——

Sur l'auteur...

Born in Indochina (now Vietnam), Marguerite Duras (1914–1996) was profoundly influenced by the colonial world where she grew up, using it as the setting for many of her works. Her novels generally deal with passion and mystery, and often give prominence to dialogue over description. She collaborated with film director Alain Resnais in the creation of *Hiroshima mon amour* (1960), which has now become a classic of French cinema. Her novel *L'Amant* (1984) won the **prix Goncourt** (a prestigious literary award), and was recently released as a film. The following excerpt is taken from one of her early novels, *Moderato cantabile* (1958).

Fondements de la lecture

Base culturelle

A. **Les cafés.** On trouve des cafés partout en France. Les Français aiment bien s'asseoir à une table de café en plein air, quand il fait beau, pour prendre un verre, regarder les passants, lire le journal ou bavarder avec des amis. On s'arrête aux cafés surtout à la fin de l'après-midi, avant de rentrer à la maison. C'est un moyen de se décontracter, de se débarrasser des petits ennuis de la journée.

Voici une liste des consommations les plus populaires que l'on sert aux cafés. Pour chaque boisson, indiquez quand et dans quelles circonstances elle se boit, selon le pays.

boisson:	se boit:	le matin	l'après-midi	le soir	avant le repas	avec le repas	après le repas	sans repas
le vin rouge	en France							
	aux États-Unis							
la bière	en France							
	aux États-Unis							

suite, page 115

boisson:	se boit:	le matin	l'après-midi	le soir	avant le repas	avec le repas	après le repas	sans repas
l'orangina	en France							
	aux États-Unis							
le café express	en France							
	aux États-Unis							
le café au lait	en France							
	aux États-Unis							
le Coca	en France							
	aux États-Unis							

Regardez de nouveau la liste des consommations. Lesquelles préférez-vous? Lesquelles n'aimez-vous pas du tout?

B. Les distractions. Le garçon dans la scène suivante accompagne sa mère à un café-bar, mais la conversation des adultes ne l'intéresse pas, et il trouve des moyens de se divertir pendant que sa mère est occupée. Comment est-ce qu'un enfant peut s'amuser quand il est tout seul? Terminez la phrase en choisissant des mots de la colonne A et la colonne B.

Un enfant qui s'ennuie peut...

A	**B**
1. chercher	a. un livre
2. jouer	b. la radio
3. regarder	c. des papillons (*butterflies*)
4. écouter	d. aux cartes
5. attraper	e. la télé
6. lire	f. à un copain (une copine)
7. téléphoner	g. des fleurs

Quand vous étiez jeune, qu'est-ce que vous faisiez pour vous amuser quand vous vous ennuyiez?

Base lexicale

Enrichissez votre vocabulaire. Complétez les phrases suivantes avec l'un des mots donnés.

1. Tu veux *regarder / allumer* la radio? J'ai envie d'écouter de la musique.

2. En automne, *la pelouse / la saison* est complètement couverte de feuilles mortes.

3. Quand il fait très chaud, je n'aime pas me promener sur la plage. *Le soleil / Le sable* me brûle les pieds!

4. *Ton manteau / Ton cartable* est bien lourd aujourd'hui. Combien de livres as-tu apportés de l'école?

5. Mes parents marchaient *sur la pointe des pieds / la tête couverte* pour ne pas réveiller mon petit frère.

Base structurale

Les conjonctions. Dans cet extrait de *Moderato cantabile,* on trouve plusieurs conjonctions.

> *puis* il s'arrêta sur le seuil...
> Then *he stopped on the threshold* . . .
>
> *Lorsqu'*ils dépassèrent le premier bassin...
> When *they got beyond the first pond* . . .
>
> *Comme* je vous le disais...
> As *I was telling you* . . .

Pour une liste de conjonctions, voir l'Appendice grammatical, pages 190–191.

Complétez les phrases suivantes d'une façon logique.

1. _____ beaucoup d'argent. *Pourtant* je veux bien t'aider.

2. *Lorsque* _____, je dormais profondément.

3. Ma mère tricotait *pendant que* mon père _____.

4. Il faisait très froid ce jour-là. *Donc* _____.

5. *Puisque* tu n'as pas étudié, _____.

6. *D'abord* je me suis habillé. Puis _____.

7. Ce que tu me demandes est bien difficile. *Néanmoins* _____.

8. *Comme* nous avons fini tout le travail, _____.

9. Son père a perdu son poste. *Par conséquent* _____.

10. Je n'ai pas envie de sortir. *D'ailleurs* _____.

Moderato cantabile (extrait)

L'enfant poussa la grille, son petit cartable bringuebalant° sur son | swinging

dos, puis il s'arrêta sur le seuil du parc. Il inspecta les pelouses autour

de lui, marcha lentement, sur la pointe des pieds°, attentif, on ne sait | **sur...** on tiptoe

jamais, aux oiseaux qu'il aurait fait fuir° en avançant. Justement, un | **qu'il...** that he would have chased away

5 oiseau s'envola. L'enfant le suivit des yeux° pendant un moment, le | **le...** followed it with his eyes

temps de le voir se poser° sur un arbre du parc voisin, puis il continua | **le temps...** long enough to see it land

son chemin jusqu'au-dessous d'une certaine fenêtre, derrière un hêtre.

Il leva la tête. À cette fenêtre, à cette heure-là de la journée, toujours

on lui sourit.

10   —Viens, cria Anne Desbaresdes, on va se promener.

—Le long de° la mer? | **Le...** Along

—Le long de la mer, partout. Viens.

Ils suivirent de nouveau le boulevard en direction des môles°. | piers

L'enfant comprit très vite, ne s'étonna guère°. | **ne...** was hardly surprised

15   —C'est loin, se plaignit-il—puis il accepta, chantonna.

Lorsqu'ils dépassèrent le premier bassin, il était encore tôt.

Devant eux, à l'extrémité sud de la ville, l'horizon était obscurci

de zébrures noires, de nuages ocres que versaient vers le ciel les

fonderies°. | **que...** that the foundries spilled toward the sky

20   L'heure était creuse°, le café encore désert. Seul, l'homme était là, | **L'heure...** It was a slack hour

au bout du bar. La patronne, aussitôt qu'elle entra, se leva et alla vers

Anne Desbaresdes. L'homme ne bougea pas.

—Ce sera?

—Je voudrais un verre de vin.

25   Elle le but° aussitôt servi. Le tremblement était encore plus fort | drank (**passé simple** of **boire**)

que trois jours auparavant.

—Vous vous étonnez peut-être de me revoir?

—Dans mon métier... dit la patronne.

30 Elle lorgna l'homme à la dérobée°—lui aussi avait pâli—se rassit° puis, se ravisant°, se retourna sur elle-même et d'un geste décent, alluma° la radio. L'enfant quitta sa mère et s'en alla sur le trottoir.

à... on the sly / sat down again
changing her mind
turned on (*an appliance*)

—Comme je vous le disais, mon petit garçon prend des leçons de piano chez Mademoiselle Giraud. Vous devez la connaître.

35 —Je la connais. Il y a plus d'un an que je vous vois passer°, une fois par semaine, le vendredi, n'est-ce pas?

Il... For more than a year I've seen you go by

—Le vendredi, oui. Je voudrais un autre verre de vin.

L'enfant avait trouvé un compagnon. Immobiles sur l'avancée du quai° ils regardaient décharger le sable d'une grande péniche. Anne Desbaresdes but la moitié de son second verre de vin. Le tremblement
40 de ses mains s'atténua° un peu.

l'avancée... the overhang of the dock

lessened

—C'est un enfant qui est toujours seul, dit-elle en regardant vers l'avancée du quai.

La patronne reprit son tricot rouge, elle jugea inutile de répondre. Un autre remorqueur° chargé à ras bord° entrait dans le port. L'enfant
45 cria quelque chose d'indistinct. L'homme s'approcha d'Anne Desbaresdes.

tugboat / *chargé...* filled to the brim

—Asseyez-vous, dit-il.

Elle le suivit sans un mot. La patronne, tout en tricotant, regardait obstinément le remorqueur. Il était visible qu'à son gré° les
50 choses prenaient un tour déplaisant°.

à... in her opinion

les... things were taking a turn for the worse

—Là.

Il lui désigna une table. Elle s'assit, et lui en face d'elle.

—Merci, murmura-t-elle.

Construction du sens

A. Questions.   Répondez aux questions suivantes.

1. Que porte le garçon sur le dos? D'où vient-il (probablement)?
2. Où vont Anne Desbaresdes et son fils?

3. Qu'est-ce qu'Anne commande à boire?

4. Où va le garçon quand il quitte sa mère?

5. Combien de fois par semaine le garçon va-t-il à sa leçon de piano? Quel jour?

6. Le garçon est-il tout seul? Expliquez.

7. Qui s'approche d'Anne Desbaresdes?

8. Où est-ce qu'elle s'assied?

B. Vrai ou faux? Indiquez si les affirmations suivantes sont vraies ou fausses.

1. Le garçon marche sur la pointe des pieds pour ne pas faire peur aux oiseaux.

2. Le garçon propose à sa mère de faire une promenade.

3. La mère n'a pas envie de se promener.

4. Le café est encore désert quand ils y arrivent.

5. Anne Desbaresdes commande une bière.

6. La patronne allume la télévision.

7. Le garçon prend des leçons de piano depuis plus d'un an.

8. Le garçon s'ennuie, alors il commence à lire un magazine.

9. La patronne tricote quand elle n'est pas occupée.

10. Un homme invite Anne Desbaresdes à s'asseoir avec lui, mais elle refuse.

C. Racontez... Que fait Anne Desbaresdes dans cette scène? Finissez les phrases suivantes.

1. Elle appelle _____.

2. Elle _____ avec l'enfant.

3. Elle entre dans _____.

4. Elle commande un _____.

5. Elle _____ avec la patronne.

Pour aller plus loin

A. À vous de continuer! Inventez une fin pour cette petite scène. Qu'est-ce qui se passe après le moment où Anne Desbaresdes accepte l'invitation de l'homme mystérieux?

B. Un autre point de vue. Racontez la scène du point de vue du garçon ou de la patronne du bar.

C. Comment se décontracter? Anne Desbaresdes boit deux verres de vin pour calmer ses nerfs. En effet, on boit souvent pour se calmer. Pourtant il existe d'autres moyens de se décontracter. Complétez la liste des choses qu'on pourrait faire pour se détendre en donnant le verbe convenable. Ensuite, donnez votre avis pour chaque moyen. Est-ce une bonne méthode? efficace? saine? conseillée?

MODÈLE: (la télé)
        On peut regarder la télé.

1. (l'alcool) _____

2. (de l'exercice) _____

3. (le téléphone) _____

4. (le journal) _____

5. (un bain) _____

Louise Labé

"Musical Concert in the Country," 16th century, anonymous. Musée de l'Hôtel Lallemant, Bourges, France. Photograph by Giraudon/Art Resource, NY.

Sur l'auteur...

The daughter of a wealthy bourgeois of Lyon, Louise Labé (1524–1566) received an exceptional education for a woman of her day—Latin, Italian, music, and equestrian training, among other subjects. After she married, her salon became the center of an influential group of poets from Lyon. Although her poetic corpus is rather modest, her poetry, particularly her sonnets, are still widely read and admired today by students of Renaissance literature. Labé's verse is often characterized by a tension between intellect and passion, and her work occasionally demonstrates a frank, and even bold, sensuality.

Fondements de la lecture

Base culturelle

Le monde de Louise Labé. La Renaissance était une époque riche en œuvres artistiques et découvertes. Voici un tableau de quelques grands événements qui ont eu lieu pendant la vie de Louise Labé. Consultez-le en cherchant les réponses aux questions qui suivent.

1515–1547	Règne de François Ier
v. 1525	Développement en Allemagne de la montre mécanique
1529	Château d'Azay-le-Rideau
1532	Conquête du Pérou par Pizarre
1533	Calvin passe à la Réforme
1534	Premier voyage de Jacques Cartier au Canada
1534	Affaire des placards: début des persécutions contre les protestants
1536–1541	Michel-Ange peint le *Jugement Dernier* pour la chapelle Sixtine
1538	Première carte du monde par Mercator
1542	Le Louvre de Lescot
1543	Copernic publie son traité sur l'héliocentrisme
1547	Michel-Ange travaille à la coupole de Saint-Pierre de Rome
1547–1559	Règne d'Henri II
1559–1560	Règne de François II
1560–1574	Règne de Charles IX
1562–1598	Guerres de religion
v. 1564	Développement en Angleterre des premiers crayons à mine de graphite

1. Nommez trois découvertes scientifiques et/ou mécaniques pendant la vie de Louise Labé.
2. Combien de rois ont régné pendant sa vie? Quel roi a régné le plus longtemps?
3. Quelle est une des plus grandes questions religieuses pendant cette époque?
4. Quel voyage de « découverte » a abouti (*led to*) à une colonie française?
5. Nommez deux résidences royales construites pendant cette époque.

Base lexicale

A. Les oppositions. Le sonnet que vous allez lire se base sur une série d'oppositions, de contrastes. Donnez le contraire de chaque mot.

1. froid _____
2. jeune _____
3. heureux _____
4. la naissance _____
5. le dernier _____
6. difficile _____
7. bien _____

Maintenant, continuez, en associant chaque mot de la liste suivante à son contraire.

paresseux, malade, sec, la haine, la douleur, rire, dur, recevoir

8. le plaisir _____
9. donner _____
10. énergique _____
11. mouillé _____
12. pleurer _____
13. en bonne santé _____
14. l'amour _____
15. mou _____

B. Les sentiments. Louise Labé parle dans ce sonnet des sentiments contradictoires inspirés par l'amour. Quand ressentez-vous les sentiments suivants?

MODÈLE: **Je ressens de la colère quand je vois un acte de cruauté.**

1. la colère
2. le plaisir
3. la peur
4. l'inquiétude
5. la jalousie
6. la tristesse
7. la joie

C. Formes dérivées.   Donnez le verbe qui correspond à chaque substantif.

>   MODÈLE: le chaud   →   **chauffer**

>   1. la mort   →   _____
>   2. le rire   →   _____
>   3. la pensée   →   _____
>   4. l'ennui   →   _____
>   5. le plaisir   →   _____

Base structurale

Le moyen français.   Les textes de la fin du moyen âge et du seizième siècle sont écrits en moyen français, qui ressemble beaucoup au français moderne. Cependant, il y a quelques variations d'orthographe qui peuvent dérouter l'étudiant qui n'a jamais étudié cette étape de l'évolution de la langue française. Les mots suivants, extraits du sonnet original de Louise Labé, sont assez proches de leurs équivalences modernes. Notez les différences d'orthographe (*spelling*). Voyez-vous une consistance dans les correspondances?

1. J'ay   J'ai
2. chaut   chaud
3. estreme   extrême
4. me meine   me mène
5. je me treuve   je me trouve
6. je croye   je crois
7. ma joye   ma joie
8. estre   être

Sonnet

>   Je vis°, je meurs; je me brûle et me noie°;   live / drown
>   J'ai chaud extrême en endurant froidure:
>   La vie m'est trop molle et trop dure.
>   J'ai grands ennuis entremêlés de° joie.   **entremêlés...** mixed with

5 Tout à un coup° je ris° et je larmoie°,

    Et en plaisir maint grief° tourment j'endure;

    Mon bien° s'en va, et jamais il ne dure:

    Tout en un coup° je sèche et je verdoie°.

    Ainsi Amour inconstamment me mène;

10 Et quand je pense avoir plus de douleur,

    Sans y penser je me trouve hors de° peine.

    Puis, quand je crois ma joie être certaine,

    Et être au haut de° mon désiré heur°,

    Il me remet en mon premier malheur.

Tout... simultaneously / laugh / cry
maint... many painful
Mon... My well-being
Tout... At the same time / come back to life

hors... beyond

au... at the summit of / happiness

Construction du sens

Questionnaire. Répondez aux questions suivantes.

1. Pourquoi est-ce que la femme souffre?
2. Pourquoi est-ce qu'elle pleure et rit à la fois?
3. Qui (Qu'est-ce qui) contrôle sa vie en ce moment?
4. Quand elle pense que sa souffrance est finie, qu'est-ce qui se passe?

Pour aller plus loin

A. Analyse littéraire. À votre avis, quel sentiment domine dans ce sonnet—la joie ou la tristesse? le plaisir ou la douleur? Justifiez votre réponse avec des citations.

B. L'amour. Selon une vieille chanson:

Plaisirs d'amour
Ne durent qu'un moment,
Chagrins d'amour
Durent toute la vie.

Êtes-vous d'accord? Expliquez.

C. Composition. Louise Labé ne dit rien sur les circonstances de ce sonnet. Elle partage ses sentiments, mais elle ne donne aucun détail sur les expériences qui ont provoqué ces sentiments. Inventez une petite histoire pour expliquer ce poème. Qui est l'homme mystérieux? Qu'a-t-il fait pour inspirer des émotions si fortes et si contradictoires? Louise lui a-t-elle envoyé ce sonnet? Comment l'a-t-il reçu?

D. Que savez-vous? Que savez-vous du siècle de Louise Labé? Pour chaque personne ou chose, donnez la lettre de la définition convenable.

1. _____ Pierre de Ronsard
2. _____ Blois
3. _____ Michel de Montaigne
4. _____ Francois Ier
5. _____ la Loire
6. _____ François Rabelais
7. _____ la Réforme

a. auteur de *Pantagruel* et *Gargantua*
b. a écrit les *Essais*
c. fleuve où se trouvent beaucoup de châteaux
d. poète célèbre pour ses sonnets d'amour
e. a mis en question l'Église catholique
f. roi français qui a encouragé l'humanisme
g. château royal

Jean de La Fontaine

Décrivez la scène.

───── ✦ ─────

Sur l'auteur...

Jean de La Fontaine (1621–1695) is best known for his *fables:* in these rhymed tales, animals, representing a variety of human types, illustrate social and moral lessons. Inspired by the Greek and Latin tradition, Eastern literature, and contemporary events, La Fontaine's fables were enormously successful, and three editions appeared within the first year of publication (1668). In this chapter, you will read two of La Fontaine's most popular fables.

TEXTE I

Fondements de la lecture

Base générique

A. **Les fables.** Connaissez-vous des fables? Lesquelles? Lesquelles des affirmations suivantes s'appliquent aux fables?

1. Les fables sont vraisemblables (*realistic*).
2. Elles contiennent des exagérations.
3. Le langage des fables est très subtile et abstrait.
4. Des traits humains sont attribués aux animaux dans les fables.
5. Les fables contiennent une leçon morale.
6. Les fables sont destinées aux spécialistes, pas au grand public.

B. **Symboles.** Quelles qualités associez-vous aux animaux à la page suivante? Choisissez parmi les adjectifs suivants, et ajoutez vos propres idées.

rapide, travailleur/-euse, égoïste, économe, prudent(e), frivole, sérieux/-euse, féroce, méchant(e), gai(e), vaniteux/-euse, astucieux/-euse, ???

la fourmi

la mouche

le corbeau

le renard

le cheval

le lapin

le vermisseau

le singe

la cigale

Base lexicale

A. Suffixes.   Analysez le mot français et sa traduction. Que signifie le suffixe *-eur?*

français	**anglais**
vendeur/-euse	*vendor, clerk/salesperson*
danseur/-euse	*danser*
menteur/-euse	*liar*
tueur/-euse	*killer*

Que veulent dire les mots suivants?

1. emprunteuse
2. flatteur
3. chanteuse
4. acheteur
5. prêteuse

B. Mots apparentés.   À quels mots anglais les formes suivantes sont-elles apparentées?

1. subsister   _____
2. grain   _____
3. morceau   _____
4. famine   _____
5. saison   _____

C. Classez.   Classez les mots suivants selon les catégories données.

la bise (*north wind; winter*)**, intérêt, principal, prêter, un grain, emprunteuse, l'été, la saison, la famine, dépourvu** (*deprived; lacking*)

la nature	termes bancaires	la misère

Base structurale

Le participe présent.   Le participe présent, forme du verbe qui se termine en -*ant,* correspond souvent à la forme anglaise en -*ing.* Étudiez les exemples suivants.

> La Cigale, ayant chanté...
> *The cicada,* having *sung . . .*
> La priant de lui prêter...
> Begging *of her to lend her . . .*

Dans le poème suivant, trouvez une bonne traduction pour la forme **venant** (vers 19).

Pour réviser le participe présent, voir l'Appendice grammatical, page 185.

La Cigale et la fourmi

La Cigale, ayant chanté
Tout l'été
Se trouva fort dépourvue°
Quand la bise° fut venue:

5   Pas un seul petit morceau
De mouche ou de vermisseau°.
Elle alla crier famine
Chez la Fourmi sa voisine,
La priant de lui prêter

10 Quelque grain pour subsister
Jusqu'à la saison nouvelle.
« Je vous paierai, lui dit-elle,
Avant l'août, foi d'animal,
Intérêt et principal. »

15 La Fourmi n'est pas prêteuse:
C'est là son moindre défaut°.
« Que faisiez-vous au temps chaud?
Dit-elle à cette emprunteuse.
—Nuit et jour à tout venant

20 Je chantais, ne vous déplaise°.
—Vous chantiez? j'en suis fort aise°:
Eh bien! dansez maintenant. »

---

fort... very deprived, lacking
north wind, winter

worm

son... the least of her faults

ne... may it not displease you
j'en... I'm very glad about it

Construction du sens

A. Vrai ou faux? Indiquez si les affirmations suivantes sont vraies ou fausses.

1. _____ La cigale est frivole.
2. _____ La cigale est économe.
3. _____ La fourmi veut rendre service.
4. _____ La fourmi critique sa voisine.
5. _____ La cigale fait la morale à la fourmi.

B. Titres. Divisez le poème en parties; donnez un titre à chaque division. Voici des suggestions: la demande, la promesse, le prologue, le portrait de la fourmi, le portrait de la cigale, la leçon, ???

C. Les traits de caractère. Quels traits de caractère attribuez-vous à chaque animal de la fable? Utilisez les adjectifs donnés dans l'exercice B, page 128, et ajoutez-en d'autres à votre description. Pour quel animal avez-vous le plus de sympathie?

Pour aller plus loin

A. Animaux/symboles. Avec quel animal vous identifiez-vous le plus? Pourquoi?

B. Suite. Quelle est la réaction de la fourmi, selon vous? Qu'est-ce qu'elle va faire? Croyez-vous qu'elle ait « appris sa leçon »? Va-t-elle changer son comportement? Fera-t-elle une autre demande à sa voisine? Répondez oralement ou par écrit.

C. Variation. La fourmi décide de poser la même question à un(e) autre voisin(e), qui est plus sympathique. Cet animal répond affirmativement à sa demande, mais lui fait la même leçon de morale. Imaginez la scène.

TEXTE II

Fondements de la lecture

Base lexicale

A. Comparaisons. Quels mots associez-vous aux animaux suivants? Réfléchissez à leur physique et à leur « personnalité ».

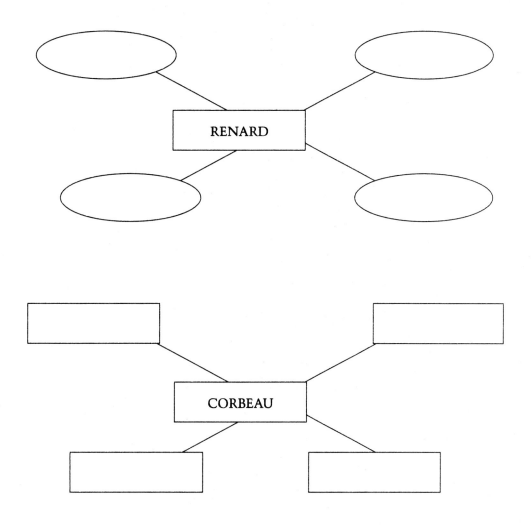

B. Chassez l'intrus. Quel mot n'appartient pas à chacune des séries suivantes?

1. joli, large, beau, flatteur
2. odeur, arbre, bois, forêt
3. tenir, apprendre, saisir, prendre
4. voir, paraître, ouvrir, sembler
5. malheureux, honteux, confus, embarrassé

C. Mots apparentés.   À quels mots anglais les formes suivantes sont-elles apparentées?

1. odeur   _____

2. bec (*en parlant des oiseaux*)   _____

3. langage   _____

4. saisir   _____

5. confus   _____

Base structurale

L'infinitif.   Identifiez l'infinitif dont les verbes conjugués en italique sont dérivés. Choisissez parmi la liste suivante: **valoir, vivre, venir, tenir, sentir, sembler.**

> 1. Maître Renard, par l'odeur alléché,
>   Lui *tint* à peu près ce langage:
> 2. Que vous êtes joli! que vous me *semblez* beau!
> 3. À ces mots le Corbeau ne se *sent* pas de joie;
> 4. Apprenez que tout flatteur
>   *Vit* aux dépens de celui qui l'écoute:
> 5. Cette leçon *vaut* bien un fromage, sans doute.

Pour réviser la conjugaison des verbes irréguliers, voir l'Appendice grammatical, pages 173–185.

Base stratégique

A. Le contexte.   Lisez ces extraits du poème. Utilisez le contexte pour deviner la signification des mots en italique.

> 1. Maître Corbeau, sur un arbre *perché*,
>   Tenait en son bec un fromage....
>   Il ouvre un large bec, laisse tomber sa *proie*.
> 2. Maître Renard, par l'odeur *alléché*,
>   Lui *tint* à peu près ce langage:...

B. La scène.   En regardant le dessin suivant, essayez d'imaginer le contenu du poème.

TEXTE II

Le Corbeau et le renard

Maître Corbeau, sur un arbre perché,
Tenait en son bec un fromage.
Maître Renard, par l'odeur alléché°,   lured
Lui tint à peu près ce langage:
5   « Hé! bonjour, Monsieur du Corbeau.
Que vous êtes joli! que vous me semblez beau!
Sans mentir, si votre ramage°   warbling
Se rapporte à votre plumage,
Vous êtes le phénix des hôtes° de ces bois. »   **le...** the "king of the heap"
10 À ces mots le Corbeau ne se sent pas de joie°;   **ne...** *ironique* = **ressent**
Et pour montrer sa belle voix,   **beaucoup de joie**

Il ouvre un large bec, laisse tomber sa proie.

Le Renard s'en saisit, et dit: « Mon bon Monsieur,

Apprenez que tout flatteur

15   Vit aux dépens de° celui qui l'écoute: **aux...** at the expense of

Cette leçon vaut bien un fromage, sans doute. »

Le Corbeau, honteux et confus,

Jura, mais un peu tard, qu'on ne l'y prendrait plus°.   **on...** he would never be
                                                                             taken in again

Construction du sens

A. Le corbeau ou le renard?   Indiquez si les affirmations suivantes s'appliquent au corbeau ou au renard.

1. Il est vaniteux.
2. Il est malin.
3. Il est flatteur.
4. Il fait la morale.
5. Il a appris une leçon.

B. Comparaisons.   Révisez l'exercice A dans la partie **Construction du texte,** page 132. Lesquels des traits formulés dans cet exercice correspondent à la description des animaux dans le poème? Utilisez ces traits de caractère pour comparer le renard au corbeau.

MODÈLE: rusé
    Le renard est plus rusé que le corbeau.

C. Titres.   Trouvez deux titres pour cette fable: l'un inventé du point de vue du renard, l'autre du point de vue du corbeau.

Pour aller plus loin

A. Variations.   Inventez des variations sur cette fable, en suivant les indications données.

1. Le corbeau a répondu négativement à la demande du renard.
2. Le renard a essayé de saisir le fromage, mais le corbeau l'a rattrapé. Le corbeau lui fait la morale.
3. Tout se passe comme raconté dans la fable: trouvez une autre leçon qu'on peut tirer de cette histoire.

B. Encore des variations. Choisissez deux autres animaux. En gardant la même morale, inventez un autre développement.

C. Créez. Créez votre propre fable en prose. Suivez les étapes données.

1. Pensez à une leçon morale que vous avez apprise à un jeune âge.
2. Choisissez deux ou trois animaux pour illustrer cette leçon. Quel animal va vous représenter? Et les autres personnages dans cette histoire?
3. En deux ou trois lignes, racontez les événements ou les circonstances qui ont abouti à cette leçon. C'est votre introduction.
4. Écrivez un petit dialogue entre les personnages/animaux. Ce dialogue représentera le point culminant de votre fable, le moment qui précipitera la morale (une accusation, une confession, des remords, etc.).
5. En une ligne, résumez la morale de votre histoire.
6. Maintenant, écrivez votre fable, en utilisant les éléments que vous avez préparés. Lisez ou jouez la fable pour la classe.

Charles Perrault

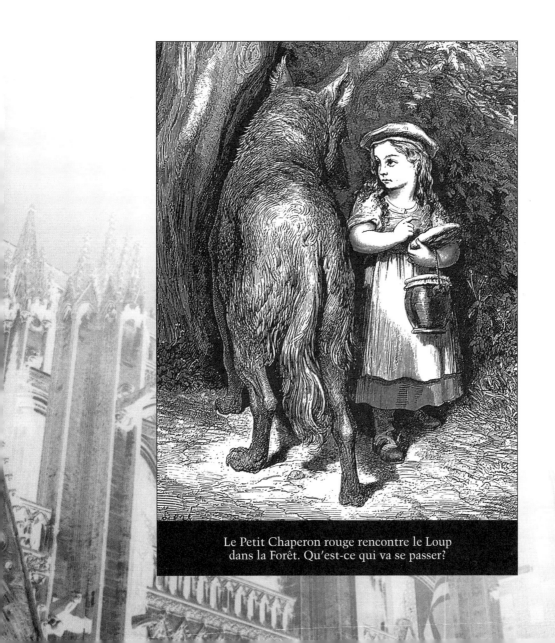

Le Petit Chaperon rouge rencontre le Loup
dans la Forêt. Qu'est-ce qui va se passer?

─── ✦✦✦ ───

Sur l'auteur...

Charles Perrault (1628–1703) began his career as a lawyer. At 26, he entered the royal administration, where he assumed various functions until 1671, the year in which he became an active member of the **Académie française** and his literary production began. Although he wrote poetry and joined in the literary debates of his time, he is best known for his *Contes de ma mère l'Oye* (*Mother Goose Tales*), which were later adapted by Grimm, among others.

Fondements de la lecture

Base culturelle

A. Les contes de fées. Indiquez quel titre français correspond à quel titre anglais.

1. La Belle au bois dormant   a. Cinderella
2. Le Petit Chaperon rouge   b. Blue Beard
3. Cendrillon   c. Sleeping Beauty
4. Barbe bleue   d. Little Red Riding Hood

B. Un résumé. Maintenant, faites un petit résumé d'un ou deux de ces contes. Voici du vocabulaire utile:

Personnages	Objets	Verbes	Adjectifs
la grand-mère	un panier	dormir	méchant(e)
le loup	une pantoufle de verre	endormir	jaloux/ouse
le prince	une baguette magique	s'échapper	aîné(e)
la princesse	un bal	enfermer (*to lock up*)	cadet(te)
le mari		donner un coup de	
la femme		baguette magique	

C. Comment sont-ils? Décrivez les personnages principaux du conte *Le Petit Chaperon rouge*, illustrés au début du chapitre. Faites un portrait moral et physique.

Base lexicale

Le contexte. En vous servant du contexte, choisissez la meilleure traduction ou explication pour les mots en italique.

1. Cette bonne femme lui fit faire un petit chaperon rouge, qui lui *seyait* si bien, que partout on l'appelait le Petit Chaperon rouge.
   seyait = *to suit / to disguise*
2. ...porte-lui *une galette* et ce petit pot de beurre.
   une galette = quelque chose à boire / quelque chose à manger
3. ...elle rencontra compère le Loup, qui eut bien envie de la manger; mais il n'osa, à cause de quelques *bûcherons* qui étaient dans la Forêt.
   un bûcheron = un homme / un arbre
4. le Petit Chaperon rouge... vint *heurter* à la porte.
   heurter = *to shout / to strike*
5. Le Loup... lui dit en se cachant dans le lit sous la *couverture*...
   la couverture = *the bed frame / the blanket*

Base générique

A. Les contes de fées. Pensez aux contes de fées que vous avez lus ou entendus. Comment sont leurs intrigues? Comment sont leurs personnages? Indiquez lesquelles des affirmations suivantes correspondent aux contes de fées que vous connaissez. Ensuite, formulez votre propre observation sur les contes de fées.

☐ Les contes de fées ont toujours une fin heureuse.

☐ Il y a toujours un bon personnage et un mauvais personnage.

☐ Les contes de fées sont vraisemblables (*plausible; convincing*).

☐ Les contes de fées ont toujours une morale.

☐ Dans les contes de fées, les innocents souffrent.

☐ Les contes de fées sont uniquement pour les enfants.

☐ La morale des contes de fées peut s'appliquer aux situations typiques de la vie quotidienne.

☐ _____

Base structurale

A. Le participe présent.   Transformez la proposition en italique en un participe présent dans les phrases suivantes, selon le modèle.

Pour réviser la formation et l'emploi du participe présent, voir l'Appendice grammatical, page 185.

> MODÈLE: Le Petit Chaperon rouge rencontra le Loup *pendant qu'elle passait* par un bois...
> Le Petit Chaperon rouge rencontra le Loup **en passant** par un bois...

1. La petite fille s'en alla par le chemin le plus long *et s'amusait à cueillir des noisettes* (gather nuts)...
2. Le Loup, *qui la voyait* entrer, lui dit *pendant qu'il se cachait* dans le lit sous la couverture...
3. —C'est votre fille, le Petit Chaperon rouge, dit le Loup, *qui contrefaisait* (disguised) *sa voix*...
4. Le Petit Chaperon rouge *croyait* que sa mère-grand était enrhumée...

B. Le passé simple.   Dans les phrases suivantes, transformez le verbe du passé simple au passé composé.

Pour réviser la formation et l'emploi du passé simple, voir l'Appendice grammatical, pages 177–178.

1. Le Loup se mit à courir de toute sa force.
2. Ensuite il ferma la porte et s'alla coucher dans le lit de la mère-grand.
3. Le Petit Chaperon rouge vint heurter (*strike*) à la porte.
4. Le Petit Chaperon rouge qui entendit la grosse voix du Loup, eut peur d'abord.
5. Le Petit Chaperon rouge tira la chevillette (*wooden latch*) et la porte s'ouvrit.

C. L'imparfait.   Expliquez l'emploi de l'imparfait dans les phrases suivantes.

Pour réviser la formation et l'emploi de l'imparfait, voir l'Appendice grammatical, pages 178–179.

1. Il était une fois une petite fille de Village; sa mère en était folle.
2. Partout, on l'appelait le Petit Chaperon rouge.
3. Le Petit Chaperon rouge partit aussitôt pour aller chez sa mère-grand, qui demeurait dans un autre Village.
4. Il lui demanda où elle allait.
5. La bonne mère-grand qui était dans son lit à cause qu'elle se trouvait un peu mal, lui cria...

Le Petit Chaperon rouge

Il était une fois une petite fille de Village, la plus jolie qu'on eût su voir°; sa mère en était folle, et sa mère-grand° plus folle encore. Cette bonne femme lui fit faire un petit chaperon rouge, qui lui seyait° si bien, que partout on l'appelait le Petit Chaperon rouge.

5 Un jour sa mère ayant cuit° et fait des galettes°, lui dit: « Va voir comme se porte ta mère-grand, car on m'a dit qu'elle était malade, porte-lui une galette et ce petit pot de beurre. » Le Petit Chaperon rouge partit aussitôt pour aller chez sa mère-grand, qui demeurait dans un autre Village. En passant dans un bois elle rencontra

10 compère° le Loup, qui eut bien envie de la manger; mais il n'osa°, à cause de quelques bûcherons° qui étaient dans la Forêt. Il lui demanda où elle allait; la pauvre enfant qui ne savait pas qu'il est dangereux de s'arrêter écouter un Loup, lui dit: « Je vais voir ma Mère-grand, et lui porter une galette avec un petit pot de beurre que ma Mère lui

15 envoie.—Demeure-t-elle° bien loin? lui dit le Loup.—Oh! oui, dit le Petit Chaperon rouge, c'est par-delà le Moulin° que vous voyez tout là-bas, là-bas, à la première maison du Village.—Eh bien, dit le Loup, je veux l'aller voir° aussi; je m'y en vais° par ce chemin ici, et toi par ce chemin-là, et nous verrons qui plus tôt y sera°.

20 Le Loup se mit à courir° de toute sa force par le chemin qui était le plus court, et la petite fille s'en alla par le chemin le plus long, s'amusant à cueillir des noisettes, à courir après des papillons°, et à faire des bouquets des petites fleurs qu'elle rencontrait.

Le Loup ne fut pas longtemps° à arriver à la maison de la mère-

25 grand; il heurte°: Toc, toc. « Qui est là?—C'est votre fille, le Petit Chaperon rouge, dit le Loup, en contrefaisant° sa voix, qui vous apporte une galette, et un petit pot de beurre que ma Mère vous

la... the prettiest one could ever see / **grand-mère**

qui... that suited her

ayant... having cooked / round, flat cakes

Mister / **il...** he didn't dare

lumberjacks

Demeure... Does she live

c'est... it's beyond the mill

je veux... I want to go see her / **je m'y...** I'm taking off / **qui...** who will arrive sooner
se... began to run

butterflies

ne... didn't take long

knocks

en... disguising

envoie. » La bonne mère-grand qui était dans son lit à cause qu'elle° se trouvait un peu mal, lui cria: « Tire la chevillette, la bobinette

30 cherra°. » Le Loup tira la chevillette, et la porte s'ouvrit. Il se jeta sur la bonne femme, et la dévora en moins de rien; car il y avait plus de trois jours qu'il n'avait mangé°. Ensuite il ferma la porte, et s'alla coucher dans le lit de la mère-grand, en attendant le Petit Chaperon rouge, qui quelque temps après, vint heurter à la porte. Toc, toc. « Qui

35 est là? » Le Petit Chaperon rouge, qui entendit la grosse voix du Loup, eut peur d'abord, mais croyant que sa mère-grand était enrhumée, répondit: « C'est votre fille, le Petit Chaperon rouge, qui vous apporte une galette et un petit pot de beurre que ma Mère vous envoie. » Le Loup lui cria, en adoucissant° un peu sa voix: « Tire la chevillette,

40 la bobinette cherra. » Le Petit Chaperon rouge tira la chevillette, et la porte s'ouvrit.

Le Loup, la voyant entrer, lui dit en se cachant dans le lit sous la couverture: « Mets la galette et le petit pot de beurre sur la huche°, et viens te coucher avec moi. » Le Petit Chaperon rouge se déshabille, et

45 va se mettre dans le lit, où elle fut bien étonnée de voir comment sa mère-grand était faite en son déshabillé°; elle lui dit: « Ma mère-grand, que vous avez de grands bras!—C'est pour mieux t'embrasser, ma fille.—Ma mère-grand, que vous avez de grandes jambes!—C'est pour mieux courir, mon enfant.—Ma mère-grand, que vous avez de grandes

50 oreilles!—C'est pour mieux écouter, mon enfant.—Ma mère-grand, que vous avez de grands yeux!—C'est pour mieux voir, mon enfant. —Ma mère-grand, que vous avez de grandes dents!—C'est pour te **manger.** Et, en disant ces mots, ce méchant Loup se jeta sur le Petit Chaperon rouge, et la mangea.

à... because she

Tire... Pull the wooden key, the latch will release

car... for he hadn't eaten in more than three days

en... softening

bread box

en... in her nightgown

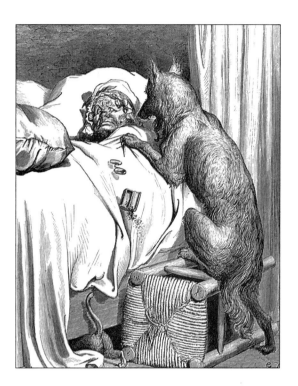

Construction du sens

A. Il s'agit de qui? Complétez les phrases suivantes en identifiant le personnage qui a effectué l'action.

1. _____ a fait faire un petit chaperon rouge.
2. _____ a fait et a cuit des galettes.
3. _____ demeure par-delà le Moulin dans la première maison du Village.
4. _____ a frappé à la porte de la mère-grand.
5. _____ a dit « Tire la chevillette, la bobinette cherra. »
6. _____ a tiré la chevillette.
7. _____ a contrefait sa voix.
8. _____ s'est mis dans le lit.
9. _____ n'avait pas mangé depuis trois jours.

B. Expliquez. Expliquez pourquoi...

1. le Petit Chaperon rouge est allée voir sa grand-mère.
2. le Loup n'a pas mangé le Petit Chaperon rouge la première fois qu'il l'a vue.
3. le Loup est arrivé chez la grand-mère avant le Petit Chaperon rouge.
4. le Loup a mangé la grand-mère.
5. le Petit Chaperon rouge n'a pas reconnu la voix du Loup quand elle est arrivée chez sa grand-mère.
6. le Loup a mangé le Petit Chaperon rouge.

C. La moralité. Quelle est la leçon qu'on peut tirer de ce conte? Voici quelques possibilités. En avez-vous d'autres à proposer?

1. Il faut toujours obéir à ses parents.
2. Il ne faut jamais parler aux personnes qu'on ne connaît pas.
3. Il faut se méfier de (*be wary of*) tout le monde.
4. Le monde est un endroit dangereux.
5. ???

D. La moralité, selon Perrault. Maintenant, lisez la moralité par laquelle Perrault a terminé son conte. Avez-vous bien anticipé la moralité de l'auteur? Sa moralité convient-elle à (*is it fitting for*) l'histoire qui la précède?

Moralité

On voit ici que de jeunes enfants,
    Surtout de jeunes filles,
    Belles, bien faites, et gentilles,
Font très mal d'écouter toute sorte de gens,
5   Et que ce n'est pas chose étrange
    S'il en est tant que le loup mange.°
    Je dis le loup, car tous les loups
    Ne sont pas de la même sorte:
    Il en est d'une humeur accorte°,

S'il... That there are so many that the wolf eats

d'une... in a pleasant mood

10   Sans bruit, sans fiel et sans courroux°,

      Qui privés°, complaisants° et doux,

      Suivent les jeunes Demoiselles

      Jusque dans les maisons, jusque dans les ruelles°;

      Mais hélas°! qui ne sait que ces loups doucereux°,

15   De tous les loups sont les plus dangereux.

> **sans fiel…** without bitter-ness and without anger
> familiar, open / pleasant
>
> the space between the bed and the wall, where one could install seats
> alas / suave, smooth

Pour aller plus loin

A. La fin. Comment ce conte finit-il dans la version américaine? Que pensez-vous de la fin de l'histoire selon Perrault? La version française serait-elle acceptée aux États-Unis? Quelle version préférez-vous?

B. Le suspense. La fin de l'histoire est-elle une surprise? Y a-t-il des indications dès le début du conte qui annoncent (*foreshadow*) la fin? Ou y a-t-il des éléments dans l'histoire qui font accroître (*increase*) le suspense chez le lecteur (la lectrice)? Citez des passages dans le texte pour justifier votre réponse.

Le Conte médiéval

Manuscrit médiéval illuminé tiré des *Très Riches Heures* du Duc de Berry.

Sur l'origine...

One of the most popular forms of medieval literature, the **conte** is generally intended to serve as a form of moral instruction as well as entertainment. The motif of a talking animal—a bird, in this particular story—is especially prevalent in medieval French literature, reflecting a fascination with the **merveilleux,** or the supernatural. Narrated with elegant simplicity, these little stories illustrate with grace and charm the follies and aspirations of human nature. In the following story, the word **vilain** (unlike its modern derivatives in French and English) is not associated with any negative connotations. It simply designates the peasant status of the man in the story.

Fondements de la lecture

Base culturelle

Les titres sociaux. Plusieurs titres sociaux datent du moyen âge. Par exemple, Monsieur = Mon Seigneur; Madame = Ma Dame. Pouvez-vous deviner (*guess*) la définition qui correspond à chaque mot suivant?

1. Seigneur
2. Pucelle
3. Valet
4. Vilain
5. Dame
6. Gentilhomme

a. homme de la noblesse; homme d'honneur
b. paysan libre
c. titre de politesse pour une femme
d. jeune fille
e. jeune garçon au service d'un noble
f. titre de noblesse (pour un homme)

Base thématique

Préceptes. Dans cette histoire, un oiseau donne à un homme trois préceptes, trois conseils. (Par exemple, « Ne crois pas tout ce qu'on te dira. ») Inventez trois préceptes que vous pouvez donner à un ami.

1. Écoute tes parents quand...
2. Ne donne pas...
3. Ne crois pas...

Base lexicale

Devinez.   Il est souvent possible de deviner le sens d'un mot inconnu si on fait bien attention au contexte. D'après le contexte dans lequel chaque mot se trouve, essayez de deviner la signification approximative des mots en italique. Les questions entre [crochets] vous aideront.

1. Si tu me promets... je chanterai *à ton gré*. [On aimera la chanson?]
2. Si l'on me met à rôtir, je serai tout *sec* et petit. [Si on met l'oiseau dans le feu, quel sera le résultat?]
3. et ne va pas le perdre en te *fiant* aux promesses [Doit-on avoir beaucoup de *confiance* en les promesses?]
4. et à regretter *maintes* fois [Quand on regrette, est-ce pour longtemps?]
5. ne point te *chagriner* ni te rendre misérable [Que veut dire le mot « chagrin » ?]

Base structurale

Le passé simple.   Donnez l'infinitif de chaque verbe en italique.

1. Un jour, le prud'homme *entra* dans son jardin et *se reposa* dans ce beau lieu. Il *entendit* un oiseau chanter. L'envie le *prit* de s'en saisir: il *attrapa* l'oiseau au lacet. L'oiseau lui *dit*:
2. ...l'oiseau *se percha* sur un arbre et *se mit à* chanter.
3. Quand le vilain *l'entendit*, il *se prit à* pleurer,

Pour réviser le passé simple, voir l'Appendice grammatical, pages 177–178.

Du Vilain et de l'oiselet

Un prud'homme° avait un beau jardin: il avait coutume° d'y entrer chaque matin, pendant la belle saison alors qu'à plaisir° chantent oiseaux petits et grands. Une fontaine y sourdait°, qui faisait reverdir ce lieu. Volontiers y venaient les oiseaux et ils y menaient doux bruit°.

5   Un jour, le prud'homme entra dans son jardin et se reposa dans ce beau lieu. Il entendit un oiseau chanter. L'envie le prit de s'en saisir°: il attrapa l'oiseau au lacet°. L'oiseau lui dit:

honorable man / **avait...** had the habit
à... to their hearts' content
bubbled up

ils... they would make a joyful noise

L'envie... He had a sudden desire to seize it
string

—Pourquoi t'être donné la peine° de me tromper et me prendre par ruse°? Quel profit en penses-tu avoir?

10 —Je veux, dit l'autre, que tu chantes pour moi.

—Si tu me promets, répondit l'oiseau, que je pourrai m'en aller partout où je voudrai°, je chanterai à ton gré°. Mais tant que tu me tiendras° prisonnier, tu n'entendras aucun chant de moi.

—Si tu ne veux pas chanter pour moi, je te mangerai.

15 —Me manger, dit l'oiselet, et comment? Je suis trop petit, vraiment. L'homme qui me mangera ne tirera guère de profit°. Si on me met à rôtir, je serai sec et petit. Je ne vois pas comment vous pourriez me préparer pour tirer quelque plaisir de moi. Mais si vous me laissez aller, certes grand profit en tirerez. Car, en vérité, je vous dirai trois

20 préceptes que vous priserez, seigneur vassal, beaucoup plus que la chair de trois veaux.

Le prud'homme le laissa s'envoler, puis lui demanda de tenir sa promesse.

L'oiseau lui répondit aussitôt:

25 —Ne crois pas tout ce qu'on te dira°. Garde bien ce que tu tiendras et ne va pas le perdre en te fiant° aux promesses. Ne sois pas trop malheureux pour chose que tu aies perdue°. Ce sont là, mon ami, les trois préceptes que j'avais promis de t'apprendre.

Là-dessus°, l'oiseau se percha sur un arbre et se mit à chanter.

30 Puis il dit:

—Béni soit° le Dieu de majesté, qui t'a si bien aveuglé, et t'a enlevé sens et avoir°. Si tu avais ouvert mon corps, tu aurais trouvé une jagonce précieuse° en mon gosier, si je ne mens, du poids d'une once°, tout droitement°!

35 Quand le vilain l'entendit, il se prit à pleurer°, à gémir, à se frapper et à regretter maintes fois d'avoir laissé échapper l'oiseau.

—Pauvre fol, dit celui-ci, m'est avis° que tu mets bien vite en oubli° les trois préceptes que je t'ai appris tout à l'heure°. Je t'ai dit de ne point croire tout ce que tu entendras; pourquoi crois-tu si légèrement

---

Pourquoi... Why did you go to all the trouble
par... by deceit

partout... anywhere I want / **à...** to your liking
tant... as long as you hold me

ne... will not draw any advantage from it

Ne... Don't believe everything you're told
en... by trusting
Ne... Don't be too unhappy over anything you may have lost
Thereupon

Béni... Blessed be

t'a enlevé... deprived you of sense and wealth
jagonce... precious stone / *weight roughly the equivalent of an ounce*
tout... exactly
se... began to weep

m'est... it seems to me
bien... you have quickly forgotten / just now

40 qu'en mon gosier est une pierre, une pierre qui pèse une once? Tout
entier, je ne pèse pas tant! Et je t'ai dit, s'il t'en souvient°, de ne point **s'il...** if you remember
trop te chagriner° ni t'en rendre misérable, pour chose que tu aies **te...** feel disappointed
perdue.

Sur ce°, l'oiseau s'envola et s'enfuit bien vite vers le bois. **Sur...** At this (with these words)

Fabliaux et contes du Moyen-Âge, © Hatier, Paris, 1967.
Reprinted by permission of the publisher.

Construction du sens

A. Vrai ou faux? Indiquez si les affirmations suivantes sont vraies ou fausses. Corrigez celles qui sont fausses.

1. Le prud'homme entre dans son jardin chaque après-midi.
2. Cette histoire a probablement lieu (*takes place*) au printemps ou en été.
3. L'homme attrape l'oiseau au lacet.
4. L'oiseau promet à l'homme de chanter s'il le laisse s'envoler.
5. L'oiseau dit qu'il a une pièce de monnaie dans le gosier.
6. À la fin, l'oiseau décide de rester dans le jardin.

B. La moralité. Analysez les trois préceptes donnés par l'oiseau. Sont-ils valables, selon vous? Vous est-il arrivé récemment une situation où un de ces préceptes vous aurait aidé(e)?

Pour aller plus loin

A. Réalisme et fantaisie. La littérature médiévale est souvent un mélange de réalisme et de fantaisie. Quels sont les détails réalistes dans ce conte? Quels sont les éléments fantastiques? À votre avis, ce conte est-il dominé par le réalisme ou la fantaisie?

B. Un nouveau conte. Inventez un nouveau conte basé sur la situation suivante. Un enfant attrape un petit animal sauvage (à vous de choisir). L'animal promet de rendre un service à l'enfant s'il le laisse échapper.

C. Votre point de vue. À votre avis, qui est plus intelligent, le prud'homme ou l'oiseau? Expliquez. Quel personnage est plus sympathique?

Alexis de Tocqueville

Pourquoi Benjamin Franklin est-il allé à Paris?

Sur l'auteur...

Alexis de Tocqueville (1805–1859) was born in Verneuil (Normandy). His family was persecuted during the French Revolution; several close relatives were imprisoned and guillotined. The July Revolution of 1830 brought Louis Philippe to the throne, a regime that de Tocqueville did not admire. As an assistant magistrate, he secured permission from the government to go to America to study the country and its methods of penal reform. He spent ten months traveling in the United States. During the eight years following his return, de Tocqueville wrote *De la Démocratie en Amérique.* The book is widely admired for its perceptive and enduring observations of the American spirit and political underpinnings.

Fondements de la lecture

Base culturelle

Ce texte date de 1835–1840. Lesquels des événements suivants ont eu lieu pendant les cinquante ans avant sa publication? Pour une liste des dates, voir page 162.

1. la Révolution française
2. la Révolution américaine
3. le traité de Paris, cédant le Canada à la Grande-Bretagne
4. la Guerre de Sécession américaine
5. la présidence d'Andrew Jackson
6. l'acquisition de la Louisiane par les États-Unis

Base thématique

A. **Le titre.** Réfléchissez au mot « vanité » qui apparaît dans le titre. Lesquels des mots suivants peuvent être synonymes de ce mot?

1. le nationalisme
2. la beauté
3. le chauvinisme
4. la pureté
5. le caractère
6. le patriotisme

B.   La vanité.   Lesquelles des affirmations suivantes, tirées du texte, expriment un sentiment de la vanité nationale?

1. Je dis à un Américain que le pays qu'il habite est beau.
2. [L'Américain] réplique: « Il est vrai, il n'y en a pas de pareil au monde! »
3. J'admire la liberté dont jouissent (*enjoy*) les habitants...
4. ...et il me répond: « C'est un don (*gift*) précieux que la liberté!
5. mais il y a bien peu de peuples qui soient dignes d'en jouir (*worthy of enjoying it*). »

C.   Explications.   Réfléchissez au moment historique où de Tocqueville a écrit ce texte. Qu'est-ce qui peut expliquer la vanité nationale chez les Américains à cette époque? Choisissez parmi les affirmations suivantes. Selon vous, quelle explication est la plus convaincante?

1. Les Américains, un peuple nouvellement indépendant, sont fiers (*proud*) de leur liberté.
2. Un pays démocratique comme les États-Unis est fier parce que la liberté est difficile à obtenir et à garder.
3. Un petit pays comme les États-Unis a des complexes d'infériorité. Par conséquent, les Américains se vantent (*boast*) souvent.
4. Les États-Unis, un pays riche qui possède beaucoup d'avantages, ont le droit (*right*) d'être fier.
5. La vanité nationale amércaine reflète la vanité de l'individu.

Base lexicale

A.   Dérivations.   Trouvez la forme dérivée des mots donnés.

	infinitif	adjectif	substantif
MODÈLE:	*envier*	*envieux*	*envie*
		glorieux	
		inquiet	
	louer		louange
		vaniteux	

B. **Synonymes.** Lisez les phrases suivantes. Ensuite, choisissez un des mots donnés pour remplacer le mot souligné.

critique, essaient, trouvé, forment, donne, existe, possèdent, montré

1. Je remarque la pureté des mœurs (*customs*) qui <u>règne</u> aux États-Unis.
2. Les Américains paraissent impatients de la moindre (*slightest*) <u>censure</u>.
3. Elle n'<u>accorde</u> rien en demandant sans cesse.
4. Dans les démocraties,... les hommes ont presque toujours récemment <u>acquis</u> les avantages qu'ils possèdent.
5. Il peut arriver que ces avantages leur échappent, ils sont sans cesse en alarme et <u>s'efforcent</u> de faire voir qu'ils les <u>tiennent</u> encore.

C. **Mots apparentés ou faux amis** (*Cognates or false cognates*)? En vous basant sur le contexte, dites si les mots en italique dans les affirmations suivantes sont des mots apparentés ou des faux amis.

1. Le plus mince éloge (*praise*) leur *agrée*, et le plus grand suffit rarement à les *satisfaire*.
2. Les Américains, dans leurs *rapports* avec les *étrangers*, paraissent impatients...
3. Dans les démocraties, les conditions étant fort *mobiles,* les hommes ont presque toujours récemment acquis les *avantages* qu'ils *possèdent*.

Base structurale

Le pronom *en*. Étudiez les phrases suivantes. Quels mots le pronom **en** remplace-t-il?

1. Le pays est beau. Il n'y en a pas de pareil au monde.
2. C'est un don précieux que la liberté! mais il y a bien peu de peuples qui soient dignes d'en jouir.
3. Les hommes sentent un plaisir infini. Ils en jouissent.

Pour réviser l'emploi du pronom *en*, voir l'Appendice grammatical, page 187.

■ Un verbe précédé d'un pronom réfléchi peut s'employer dans un sens réciproque: *[to] each other.* Les expressions **moi-même** (*myself*), **toi-même, lui-même, elle-même, nous-mêmes, vous-mêmes, eux-mêmes** et **elle-mêmes** renforcent le sens de ces verbes. Comment traduire les phrases suivantes?

...si vous résistez à leurs instances, ils se louent eux-mêmes.

Les hommes qui vivent dans les démocraties aiment leur pays de la même manière qu'ils s'aiment eux-mêmes.

De la Démocratie en Amérique (extrait)

La Vanité des Américains

Tous les peuples libres se montrent glorieux d'eux-mêmes; mais l'orgueil° national ne se manifeste pas chez tous de la même manière.

Les Américains, dans leurs rapports° avec les étrangers, paraissent impatients de la moindre° censure° et insatiables de louanges°. Le plus
5 mince éloge° leur agrée°, et le plus grand suffit rarement à les satisfaire; ils vous harcèlent° à tout moment pour obtenir de vous d'être loués; et, si vous résistez à leurs instances°, ils se louent eux-mêmes. [...] Leur vanité n'est pas seulement avide, elle est inquiète et envieuse. Elle n'accorde rien en demandant sans cesse. Elle est quê-
10 teuse° et querelleuse à la fois.

Je dis à un Américain que le pays qu'il habite est beau; il réplique: « Il est vrai, il n'y en a pas de pareil au monde! » J'admire la liberté dont jouissent les habitants°, et il me répond: « C'est un don° précieux que la liberté! mais il y a bien peu de peuples qui soient dignes d'en
15 jouir°. » Je remarque la pureté de mœurs° qui règnent aux États-Unis: « Je conçois°, dit-il, qu'un étranger, qui a été frappé de la corruption qui se fait voir° chez toutes les autres nations, soit étonné à ce spectacle. » Je l'abandonne enfin à la contemplation de lui-même; mais il revient à moi et ne me quitte point qu'il ne soit parvenu° à me faire
20 répéter ce que je viens de lui dire. On ne saurait* imaginer de patriotisme plus incommode° et plus bavard. Il fatigue ceux mêmes qui l'honorent.

*One could not. Note the use of **ne** alone to negate the verb. This is a literary usage.

---

pride

relationships

least / criticism / praise

Le... The slightest praise / pleases
pester
entreaties

something that seeks out (here, the American national vanity seeks validation)

dont... that its inhabitants enjoy / gift
dignes... worthy of enjoying it / customs, manners
imagine

qui... that makes itself seen, is evident

ne me... doesn't leave me until he succeeds

awkward

[...]

Dans les démocraties, les conditions étant fort° mobiles, les   very

25   hommes ont presque toujours récemment acquis° les avantages qu'ils   acquired

possèdent; ce qui fait qu'ils sentent un plaisir infini à les exposer aux

regards, pour montrer aux autres et se témoigner° à eux-mêmes qu'ils   to testify

en jouissent; et comme, à chaque instant, il peut arriver que ces avan-

tages leur échappent, ils sont sans cesse en alarme et s'efforcent de

30   faire voir° qu'ils les tiennent encore. Les hommes qui vivent dans les   **s'efforcent...** strive to
                                                                                    show

démocraties aiment leur pays de la même manière qu'ils s'aiment

eux-mêmes, et ils transportent les habitudes de leur vanité privée

dans leur vanité nationale.

Construction du sens

A. **Reconstituez le texte.** Reconstituez le texte en remplissant les blancs par les mots qui
manquent. Choisissez parmi les mots suivants.

**harcèlent, répondent, insatiables, précieux, avides, bavard, avantages, plaisirs, manière,
privée, se louent, nationale, insulte, s'aiment**

Les Américains, dans leurs rapports avec les étrangers, paraissent

_____ de louanges. Si vous résistez à leurs instances, ils

_____ eux-mêmes. J'admire la liberté dont jouissent les habitants, et ils

me _____: « C'est un don _____ que la liberté. »

Dans les démocraties, les conditions étant fort mobiles, les hommes ont presque

toujours récemment acquis les _____ qu'ils possèdent. Les hommes qui

vivent dans les démocraties aiment leur pays de la même manière qu'ils

_____ eux-mêmes et ils transportent les habitudes de leur vanité

_____ dans leur vanité nationale.

B. **Vérifiez.** Réfléchissez aux hypothèses que vous avez formulées dans l'exercice C de la
partie **Base thématique,** page 157. Quelle est l'explication pour la vanité nationale américaine, selon de Tocqueville?

C. **La structure.** Divisez le texte en parties, en utilisant les catégories suivantes: remarques
générales, jugements de l'auteur, exemples concrets, explications.

D. Le sentiment de l'auteur.   Quel est le sentiment de l'auteur envers les Américains? Est-il impatient, indulgent, exaspéré, compréhensif, anti-Américain? Exagère-t-il? Justifiez votre réponse en citant le texte.

Pour aller plus loin

A. Notre époque.   Les Américains sont-ils aussi patriotes de nos jours? À quels symboles et institutions les Américains attachent-ils beaucoup d'importance patriotique? Choisissez dans la liste suivante, et ajoutez vos propres exemples.

☐ le drapeau

☐ l'hymne national

☐ la cuisine

☐ la langue

☐ la religion

☐ la forme du gouvernement

☐ la Constitution

☐ l'histoire

☐ la Révolution

☐ _____

B. Le caractère national.   Lesquels des adjectifs suivants caractérisent les Américains? Et les Français? S'agit-il de stéréotypes? d'exagérations? Expliquez.

☐ chauvins

☐ snob

☐ patriotes

☐ paresseux

☐ romantiques

☐ critiques

☐ ouverts

☐ généreux

☐ superficiels

☐ efficaces

C. L'auteur chez nous. Si de Tocqueville était transporté aux États-Unis à notre époque, aurait-il une réaction différente envers les Américains? Expliquez.

Dates pour compléter la **Base culturelle,** page 156:

1. 1789
2. 1776
3. 1763
4. 1861–1865
5. 1829–1837
6. 1803

Molière

Scène du *Bourgeois gentilhomme* de Molière.

Sur l'auteur...

Molière, actually named Jean-Baptiste Poquelin, is widely recognized as one of the greatest French comic writers of all time. Although he received a law degree at the age of twenty, he preferred the theater and founded a company, **l'Illustre-Théâtre,** which toured the provinces of France between 1646 and 1658. Back in Paris in 1658, Molière's company quickly established a popular repertoire, including many of Molière's own comedies. His plays, attacking hypocrisy and social ambition in all their various disguises, often generated considerable scandal, creating numerous detractors and enemies for the playwright. He took an active part in the production of his comedies until his death in 1673.

Fondements de la lecture

Base culturelle

A. **Le rire.**   Qu'est-ce qui vous fait rire? Voici quelques possibilités:

les jeux de mots

la satire sociale

la grosse farce (*slapstick*)

les cascades (*stunts*)

les quiproquos (*mix-ups, mistaken identities*)

les malentendus (*misunderstandings*)

les situations absurdes

les apparences bizarres

???

Qu'est-ce qui vous a fait rire récemment (un livre, une émission à la télé, une situation...)? Expliquez pourquoi vous l'avez trouvé amusant(e).

B. **Le titre.**   Quels mots associez-vous au mot **bourgeois** et au mot **gentilhomme**? Choisissez parmi les mots suivants et ajoutez vos propres idées.

distingué, vulgaire, avare, ridicule, important, célèbre, aisé (*well-off*)**, sympathique, poli, ???**

C. Le titre (bis).   Voici la définition des mots **bourgeois** et **gentilhomme** à l'époque de Molière.

Bourgeois: Personne appartenant (*belonging*) à la classe moyenne d'une ville (par opposition à **noble, paysan**).

Gentilhomme: Homme qui montre de la noblesse, de la générosité dans ses sentiments et dans ses actes, de la distinction, de la dignité dans ses manières.

Les mots **bourgeois** et **gentilhomme** sont-ils synonymes ou contraires? D'après ces définitions, un gentilhomme peut-il être bourgeois?

D. Prédictions.   En pensant à vos réponses aux exercices B et C, *Le Bourgeois gentilhomme* va être quelle sorte de pièce?

☐ une pièce historique   ☐ un drame psychologique

☐ une farce   ☐ une comédie de mœurs (*manners*)

☐ une satire sociale   ☐ un mystère

Base lexicale

A. Le contexte.   Devinez le sens des mots suivants d'après le contexte et choisissez la bonne définition.

1. toutes les dames vous prenaient dans leurs bras pour vous *baiser*
   a. embrasser   b. blesser   c. regarder
2. Je suis *ravi* de vous connaître...
   a. étonné   b. très content   c. incertain
3. ...c'est qu'il est *amoureux* de votre fille...
   a. a une grande   b. aime un peu   c. heureux
       affection pour
4. Enfin, pour *achever* mon ambassade...
   a. amuser   b. terminer   c. chercher
5. ...il *amène* toute choses pour la cérémonie...
   a. trouve   b. reçoit   c. apporte

B. Synonymes et contraires.   Donnez le synonyme (=) ou le contraire (≠) du mot en italique selon les indications.

1. Vous étiez le plus *bel* enfant du monde... (=, ≠)
2. C'était un *fort* honnête gentilhomme. (=)
3. *Assurément.* (=)
4. ...j'entends *parfaitement* sa langue (=, ≠)
5. Il veut être votre *gendre.*
   Votre « gendre » est le mari de votre fille. Un synonyme est _____.
6. Elle jure de n'*épouser* personne que celui-là. (=, ≠)

Base structurale

A. Les adverbes. Donnez l'adverbe qui correspond aux adjectifs suivants.

Pour réviser la formation des adverbes, voir l'Appendice grammatical, pages 188–190.

adjectif	adverbe
1. honnête	
2. assuré	
3. particulier	
4. certain	
5. aisé	
6. patient	
7. honorable	

B. L'imparfait. Identifiez l'emploi de l'imparfait dans les extraits du texte qui suivent. S'agit-il

Pour réviser la formation de l'imparfait, voir l'Appendice grammatical, pages 178–179.

- d'une description dans le passé?
- d'une action qui se déroule dans le passé?
- d'un état d'esprit?

1. Vous étiez le plus bel enfant du monde, et toutes les dames vous prenaient dans leurs bras pour vous baiser.
2. Oui. J'étais grand ami de feu (*deceased*) monsieur votre père.
3. il se connaissait fort bien en étoffes (*cloth*), il en allait choisir de tous les côtés, les faisait apporter chez lui, donnait à ses amis pour de l'argent

Le Bourgeois gentilhomme (extrait)

Monsieur Jourdain, a wealthy bourgeois who aspires to become a member of the nobility, meets here with Covielle, the valet of Cléonte, the suitor of Jourdain's daughter. As part of

*an elaborate plan designed to trick Jourdain into giving his daughter permission to marry Cléonte (permission he has denied on the grounds that her suitor is not a member of the nobility), Covielle has assumed a disguise, pretending to be an old family friend who will act as a liaison between Jourdain and his daughter's "new" suitor, **le fils du Grand Turc,** who is actually Cléonte in disguise!*

COVIELLE:	Monsieur, je ne sais pas si j'ai l'honneur d'être connu de vous°?	**d'être...** to be known by you
M. JOURDAIN:	Non, Monsieur.	

COVIELLE, étendant la main à un pied de terre.

5 COVIELLE:	Je vous ai vu que vous n'étiez plus grand que cela.	
M. JOURDAIN:	Moi?	
COVIELLE:	Oui. Vous étiez le plus bel enfant du monde, et toutes les dames vous prenaient dans leurs bras pour vous baiser.	
10 M. JOURDAIN:	Pour me baiser?	
COVIELLE:	Oui. J'étais grand ami de feu monsieur votre père°.	**feu...** your late father
M. JOURDAIN:	De feu monsieur mon père?	
COVIELLE:	Oui. C'était un fort honnête gentilhomme.	
M. JOURDAIN:	Comment dites-vous?	
15 COVIELLE:	Je dis que c'était un fort honnête gentilhomme.	
M. JOURDAIN:	Mon père?	
COVIELLE:	Oui.	
M. JOURDAIN:	Vous l'avez fort connu?	
COVIELLE:	Assurément.	
20 M. JOURDAIN:	Et vous l'avez connu pour gentilhomme?	
COVIELLE:	Sans doute.	
M. JOURDAIN:	Je ne sais donc pas comment le monde est fait.	
COVIELLE:	Comment?	
M. JOURDAIN:	Il y a de sottes gens qui me veulent dire qu'il a été marchand.	
25		
COVIELLE:	Lui, marchand! C'est pure médisance, il ne l'a jamais été°. Tout ce qu'il faisait, c'est qu'il était fort obligeant, fort officieux, et, comme il se connaissait	**il...** he never was one

30		fort bien en étoffes°, il en allait choisir* de tous les côtés°, les faisait apporter chez lui°, et en donnait à ses amis pour de l'argent.
	M. JOURDAIN:	Je suis ravi de vous connaître, afin que vous rendiez ce témoignage-là° que mon père était gentilhomme.
	COVIELLE:	Je le soutiendrai devant tout le monde.
35	M. JOURDAIN:	Vous m'obligerez. Quel sujet vous amène?
	COVIELLE:	Depuis avoir connu° feu monsieur votre père, comme je vous ai dit, j'ai voyagé par tout le monde.
	M. JOURDAIN:	Par tout le monde!
	COVIELLE:	Oui.
40	M. JOURDAIN:	Je pense qu'il y a bien loin en ce pays-là.
	COVIELLE:	Assurément. Je ne suis revenu° de tous mes longs voyages que depuis quatre jours°; et, par l'intérêt que je prends à tout ce qui vous touche, je viens vous annoncer la meilleure nouvelle du monde.
45	M. JOURDAIN:	Quelle?
	COVIELLE:	Vous savez que le fils du Grand Turc vient ici?
	M. JOURDAIN:	Moi? Non.
	COVIELLE:	Comment! Il a un train tout à fait magnifique°; tout le monde le va voir, et il a été reçu en pays comme un seigneur d'importance.
50		
	M. JOURDAIN:	Par ma foi, je ne savais pas cela.
	COVIELLE:	Ce qu'il y a d'avantageux pour vous°, c'est qu'il est amoureux de° votre fille.
	M. JOURDAIN:	Le fils du Grand Turc?
55	COVIELLE:	Oui; et il veut être votre gendre.
	M. JOURDAIN:	Mon gendre, le fils du Grand Turc?
	COVIELLE:	Le fils du Grand Turc votre gendre. Comme je le fus voir°, et que j'entends parfaitement sa langue, il

Glosses:

il... he knew a lot about cloth
en... would go to select some from various places / **les...** would have them brought home
afin... in order that you bear witness

Depuis... After having known

Je... I have only been back
depuis... for four days

un... a magnificent following (of attendants)

Ce... What is advantageous for you
est... is in love with

je... I went to see him

*Note the older placement of the pronoun before the conjugated verb when followed by an infinitive complement.

60 s'entretint avec moi°; et après quelques autres dis- **il...** he conversed with me
cours, il me dit: *Acciam croc soler ouch alla*
moustaph gidelum amanahem varahini oussere
carbulath. C'est-à-dire: « N'as-tu point vu une jeune
belle personne qui est la fille de monsieur Jourdain,
gentilhomme parisien? »

65 M. JOURDAIN: Le fils du Grand Turc dit cela de moi?

COVIELLE: Oui. Comme je lui eus répondu que je vous con-
naissais particulièrement et que j'avais vu votre
fille: « Ah! me dit-il, *Marababa sahem* »: c'est-à
dire: « Ah! que je suis amoureux d'elle! »

70 M. JOURDAIN: *Marababa sahem* veut dire: Ah! que je suis
amoureux d'elle?

COVIELLE: Oui.

M. JOURDAIN: Par ma foi, vous faites bien de me le dire, car, pour
moi, je n'aurais jamais cru° que ce *Marababa sa-*   **je...** I never would have believed
75 *hem* eût voulu dire°: Ah! que je suis amoureux   **eût...** meant
d'elle! Voilà une langue admirable que ce turc!

COVIELLE: Plus admirable qu'on ne peut croire. Savez-vous
bien ce que veut dire *Cacaracamouchen?*

M. JOURDAIN: *Cacaracamouchen?* Non.

80 COVIELLE: C'est-à-dire: Ma chère âme.

M. JOURDAIN: *Cacaracamouchen* veut dire: Ma chère âme?

COVIELLE: Oui.

M. JOURDAIN: Voilà qui est merveilleux! *Cacaracamouchen,* ma
chère âme: dirait-on jamais cela? Voilà qui me
85 confond°.   confuses

COVIELLE: Enfin, pour achever mon ambassade, il vient vous
demander votre fille en mariage; et pour avoir un
beau-père qui soit digne de lui°, il veut vous faire   **digne...** worthy of him
Mamamouchi, qui est une certaine grande dignité
90 de son pays.

M. JOURDAIN: Mamamouchi?

COVIELLE:	Oui, Mamamouchi; c'est-à-dire en notre langue, paladin°. Paladin, ce sont de ces anciens... Paladin enfin! Il n'y a rien de plus noble que cela dans le monde; et vous irez de pair° avec les plus grands seigneurs de la terre.	knight-errant

95

vous... you will be the equal

M. JOURDAIN:	Le fils du Grand Turc m'honore beaucoup, et je vous prie de me mener chez lui en faire mes remerciements.

100

COVIELLE: Comment! Le voilà qui va venir ici.

M. JOURDAIN: Il va venir ici?

COVIELLE: Oui; et il amène toute choses pour la cérémonie de votre dignité.

M. JOURDAIN: Voilà qui est bien prompt.

105 COVIELLE: Son amour ne peut souffrir aucun retardement.

M. JOURDAIN: Tout ce qui m'embarrasse° ici, c'est que ma fille est une opiniâtre° qui s'est allé mettre dans la tête° un certain Cléonte, et elle jure de n'épouser personne que celui-là°.

Tout... The only thing that troubles me
stubborn woman / **s'est...** has become obsessed with
elle... she swears to marry no one but this man

110 COVIELLE: Elle changera de sentiment quand elle verra le fils du Grand Turc; et puis il se rencontre ici une aventure merveilleuse°: c'est que le fils du Grand Turc ressemble à ce Cléonte, à peu de chose près°. Je viens de le voir°, on me l'a montré; et l'amour qu'elle a pour l'un pourra passer aisément à l'autre, et... Je l'entends venir; le voilà.

115

il... we have here a very strange coincidence
à... almost exactly
Je... I've just seen him

Construction du sens

A. Vrai ou faux? Dites si les affirmations suivantes sont vraies ou fausses.

1. Monsieur Jourdain ne connaît pas l'homme qui se présente à lui dans cette scène.
2. Covielle dit qu'il ne connaissait pas très bien le père de Monsieur Jourdain.
3. Monsieur Jourdain dit que son père était marchand.

4. Covielle dit qu'il a beaucoup voyagé.
5. Covielle prétend (*claims*) qu'il vient de retourner d'un long voyage.
6. Selon Covielle, le fils du Grand Turc veut épouser la fille de Monsieur Jourdain.
7. Monsieur Jourdain n'aime pas la langue turque.
8. Monsieur Jourdain dit que sa fille sera ravie de faire la connaissance du fils du Grand Turc.

B. Questions. Répondez aux questions suivantes.

1. Selon Covielle, que faisaient les dames quand Monsieur Jourdain était enfant?
2. Que dit Covielle au sujet du père de Monsieur Jourdain?
3. Selon Covielle, que faisait le père de Monsieur Jourdain avec les étoffes?
4. Où Covielle dit-il qu'il a voyagé?
5. Quelle est la bonne nouvelle que Covielle vient annoncer à Monsieur Jourdain?
6. Comment réagit Monsieur Jourdain à cette nouvelle?
7. Qu'est-ce que le fils du Grand Turc demandera à Monsieur Jourdain?
8. Quel problème Monsieur Jourdain explique-t-il à la fin de la scène?
9. Que dit Covielle à propos de ce problème?

C. L'ordre chronologique. Donnez un chiffre à chaque phrase pour établir l'ordre chronologique des événements dans la scène.

_____ Covielle annonce que le fils du Grand Turc arrivera bientôt.

_____ Monsieur Jourdain explique que sa fille tient à (*insists on*) épouser Cléonte.

_____ Covielle explique à Monsieur Jourdain que son père n'a jamais été marchand.

_____ Covielle se présente à Monsieur Jourdain.

_____ Monsieur Jourdain apprend que le fils du Grand Turc veut devenir son gendre.

_____ Covielle parle de l'enfance de Monsieur Jourdain.

_____ On entend venir le fils du Grand Turc.

_____ Covielle explique qu'il y a une ressemblance étonnante entre le fils du Grand Turc et Cléonte.

_____ Monsieur Jourdain apprend qu'on va le faire Mamamouchi.

_____ Monsieur Jourdain dit qu'on accuse son père d'avoir été marchand.

D. Le rire. Qu'est-ce qui vous a fait rire dans cet extrait? Ces éléments correspondent-ils à ceux que vous avez signalés dans la **Base culturelle,** Exercise A, page 164?

Pour aller plus loin

A. Monsieur Jourdain. Comment imaginez-vous Monsieur Jourdain? Quel âge a-t-il? Est-il grand ou petit? mince ou gros? Comment est-il habillé? A-t-il les cheveux longs ou courts? (Ou est-il chauve?) Quel acteur choisiriez-vous pour jouer le rôle de Monsieur Jourdain? Pourquoi?

B. Vous êtes Covielle. Mettez-vous à la place de Covielle. Vous racontez cette scène à votre maître, Cléonte (qui veut épouser la fille de Monsieur Jourdain). Racontez l'essentiel de la scène. Comment vous êtes-vous présenté à Monsieur Jourdain? Comment vous a-t-il reçu? Qu'est-ce que vous lui avez dit à propos de son père? Comment a-t-il réagi? Quelle nouvelle lui avez-vous annoncée? Comment a-t-il reçu cette nouvelle? De quel problème vous a-t-il parlé? Qu'est-ce que vous lui avez dit pour le rassurer?

C. Le standing. Monsieur Jourdain s'intéresse beaucoup aux choses matérielles qui montrent la position sociale d'une personne. Par exemple, il veut porter les mêmes vêtements élégants que portent les « gentilhommes », les gens de l'aristocratie. Si Monsieur Jourdain vivait aujourd'hui, à quelles choses matérielles s'intéresserait-il?

1. Quelle sorte de voiture achèterait-il?
2. Quelle marque (*brand*) de chaussures achèterait-il?
3. Dans quels magasins achèterait-il des vêtements?
4. Où prendrait-il ses vacances?
5. Qu'est-ce qu'il offrirait à sa fille comme cadeau de noces (*wedding gift*)?
6. Connaissez-vous des gens comme Jourdain? Qui?

D. L'époque de Molière. Le dix-septième siècle est une époque extrêmement riche dans l'histoire de la littérature française. Dans le schéma suivant, identifiez chaque écrivain, et trouvez un ouvrage pour lequel il est connu. Tracez une ligne qui relie l'auteur, son identité et un ouvrage principal. (Attention: Il y a deux dramaturges tragiques.)

Racine	poète satirique	*Les Pensées*
la Rochefoucauld	dramaturge tragique	les fables
Madame de Lafayette	philosophe religieux	*Horace*
La Fontaine	philosophe, mathématicien	*Phèdre*
Pascal	moraliste	*La Princesse de Clèves*
Corneille	auteur de romans	*Discours de la Méthode*
Descartes		*Maximes*

Appendice grammatical

The **Appendice grammatical** is a brief reference grammar that explains the functions and forms of high-frequency grammar items found in the reading selections. Explanations are keyed to the **Base structurale** and should be reviewed before performing the exercises in that section. Your instructor will tell you whether you are to learn these items for recognition or production.

You should consult your textbook or a full reference grammar for a complete set of forms and explanations.

1. VERB TENSES

1.1 The present tense of regular verbs (**le temps présent**)

Functions:

- Talking about actions that are occurring now
- Making generalizations
- Talking about what you usually do
- Describing in present time
- Talking about future actions (**je vais au magasin demain**)
- With **depuis**, to talk about actions that began in the past and continue in present time

Forms: The conjugations of the three groups of regular verbs follow.

raconter		finir	
je racont**e**	nous racont**ons**	je fin**is**	nous finiss**ons**
tu racont**es**	vous racont**ez**	tu fin**is**	vous finiss**ez**
il/elle/on racont**e**	ils/elles racont**ent**	il/elle/on fin**it**	ils/elles finiss**ent**

attendre	
j'attend**s**	nous attend**ons**
tu attend**s**	vous attend**ez**
il/elle/on attend	ils/elles attend**ent**

Following are the conjugations for many irregular verbs in the present tense.

aller

je vais	nous allons
tu vas	vous allez
il/elle/on va	ils/elles vont

avoir

j'ai	nous avons
tu as	vous avez
il/elle/on a	ils/elles ont

boire

je bois	nous buvons
tu bois	vous buvez
il/elle/on boit	ils/elles boivent

connaître

je connais	nous connaissons
tu connais	vous connaissez
il/elle/on connaît	ils/elles connaissent

croire

je crois	nous croyons
tu crois	vous croyez
il/elle/on croit	ils/elles croient

devoir

je dois	nous devons
tu dois	vous devez
il/elle/on doit	ils/elles doivent

dire

je dis	nous disons
tu dis	vous dites
il/elle/on dit	ils/elles disent

écrire

j'écris	nous écrivons
tu écris	vous écrivez
il/elle/on écrit	ils/elles écrivent

être

je suis	nous sommes
tu es	vous êtes
il/elle/on est	ils/elles sont

faire

je fais	nous faisons
tu fais	vous faites
il/elle/on fait	ils/elles font

lire

je lis	nous lisons
tu lis	vous lisez
il/elle/on lit	ils/elles lisent

mettre

je mets	nous mettons
tu mets	vous mettez
il/elle/on met	ils/elles mettent

pouvoir

je peux	nous pouvons
tu peux	vous pouvez
il/elle/on peut	ils/elles peuvent

prendre

je prends	nous prenons
tu prends	vous prenez
il/elle/on prend	ils/elles prennent

recevoir		**rire**	
je reçois	nous recevons	je ris	nous rions
tu reçois	vous recevez	tu ris	vous riez
il/elle/on reçoit	ils/elles reçoivent	il/elle/on rit	ils/elles rient

savoir		**tenir**	
je sais	nous savons	je tiens	nous tenons
tu sais	vous savez	tu tiens	vous tenez
il/elle/on sait	ils/elles savent	il/elle/on tient	ils/elles tiennent

venir		**vivre**	
je viens	nous venons	je vis	nous vivons
tu viens	vous venez	tu vis	vous vivez
il/elle/on vient	ils/elles viennent	il/elle/on vit	ils/elles vivent

voir		**vouloir**	
je vois	nous voyons	je veux	nous voulons
tu vois	vous voyez	tu veux	vous voulez
il/elle/on voit	ils/elles voient	il/elle/on veut	ils/elles veulent

1.2 Le passé composé

Function:

• Talking about completed past actions or events

Forms: The **passé composé** is formed with the present tense of the auxiliary verb (**avoir** or **être**) and the past participle. The forms of the past participle of regular verbs are:

raconté   fini   attendu

Some verbs have irregular past participles:

verb	**past participle**
aller	allé
avoir	eu
boire	bu
connaître	connu
croire	cru

verb	past participle
devoir	dû
dire	dit
écrire	écrit
être	été
faire	fait
lire	lu
mettre	mis
mourir	mort
naître	né
pouvoir	pu
prendre	pris
recevoir	reçu
rire	ri
savoir	su
tenir	tenu
venir	venu
vivre	vécu
voir	vu
vouloir	voulu

Most verbs are conjugated with the auxiliary **avoir.** A small group of verbs, however, use **être** as an auxiliary. This group includes:

aller	partir
arriver	rentrer
descendre	rester
entrer	retourner
monter	sortir
mourir	tomber
naître	venir (revenir, devenir)

All reciprocal and reflexive verbs are conjugated with **être.**

1.3 Le passé simple

Functions: The **passé simple** is a past tense that is found primarily in literary texts. Like the **passé composé,** it is used to talk about completed actions or events.

Forms: You will only need to recognize verb forms in the **passé simple.** Here is the conjugation of regular verbs:

raconter		finir	
je racont**ai**	nous racont**âmes**	je fin**is**	nous fin**îmes**
tu racont**as**	vous racont**âtes**	tu fin**is**	vous fin**îtes**
il/elle/on racont**a**	ils/elles racont**èrent**	il/elle/on fin**it**	ils/elles fin**irent**

attendre	
j'attend**is**	nous attend**îmes**
tu attend**is**	vous attend**îtes**
il/elle/on attend**it**	ils/elles attend**irent**

The **passé simple** of irregular verbs is, in many cases, derived from the past participle:

mettre > mis		avoir > eu	
je mis	nous mîmes	j'eus	nous eûmes
tu mis	vous mîtes	tu eus	vous eûtes
il/elle/on mit	ils/elles mirent	il/elle/on eut	ils/elles eurent

boire > bu		écrire > écrit	
je bus	nous bûmes	j'écrivis	nous écrivîmes
tu bus	vous bûtes	tu écrivis	vous écrivîtes
il/elle/on but	ils/elles burent	il/elle/on écrivit	ils/elles écrivirent

Verbs in this category include **connaître, croire, devoir, dire, lire, pouvoir, prendre, recevoir, rire, savoir, vivre,** and **vouloir.**

Some verbs are completely irregular:

être		faire	
je fus	nous fûmes	je fis	nous fîmes
tu fus	vous fûtes	tu fis	vous fîtes
il/elle/on fut	ils/elles furent	il/elle/on fit	ils/elles firent

mourir		naître	
je mourus	nous mourûmes	je naquis	nous naquîmes
tu mourus	vous mourûtes	tu naquis	vous naquîtes
il/elle/on mourut	ils/elles moururent	il/elle/on naquit	ils/elles naquirent

tenir		venir	
je tins	nous tînmes	je vins	nous vînmes
tu tins	vous tîntes	tu vins	vous vîntes
il/elle/on tint	ils/elles tinrent	il/elle/on vint	ils/elles vinrent

voir	
je vis	nous vîmes
tu vis	vous vîtes
il/elle/on vit	ils/elles virent

1.4 The imperfect (l'imparfait)

Functions:

- Talking about what was happening
- Talking about what used to happen
- Describing in past time
- Talking about circumstances or mental states in past time
- Note the formula **Il était une fois,** "Once upon a time"

Forms: To form the imperfect of all verbs except for **être,** drop the *-ons* ending from the **nous** form of the verb in the present tense and add the endings *-ais, -ais, -ait, -ions, -iez, -aient.* Note the irregular stem in the conjugation of the verb **être.**

raconter		finir	
je racontais	nous racontions	je finissais	nous finissions
tu racontais	vous racontiez	tu finissais	vous finissiez
il/elle/on racontait	ils/elles racontaient	il/elle/on finissait	ils/elles finissaient

attendre		être	
j'attendais	nous attendions	j'étais	nous étions
tu attendais	vous attendiez	tu étais	vous étiez
il/elle/on attendait	ils/elles attendaient	il/elle/on était	ils/elles étaient

1.5 The pluperfect (**le plus-que-parfait**)

Function:

• Talking about an event that took place before another past event

Forms: The **plus-que-parfait** is formed with the auxiliary verb (**avoir** or **être**) in the imperfect tense and the past participle.

j'avais raconté   j'avais fini   j'avais attendu   j'étais allé(e)

1.6 The futur (**le futur**)

Function:

• Talking about what will happen

Forms: The future tense of regular verbs is formed by adding the endings *-ai, -as, -a, -ons, -ez, -ont* to the infinitive (or a modified form of the infinitive for *-re* verbs).

raconter		finir	
je raconter**ai**	nous raconter**ons**	je finir**ai**	nous finir**ons**
tu raconter**as**	vous raconter**ez**	tu finir**as**	vous finir**ez**
il/elle/on raconter**a**	ils/elles raconter**ont**	il/elle/on finir**a**	ils/elles finir**ont**

attendre	
j'attendr**ai**	nous attendr**ons**
tu attendr**as**	vous attendr**ez**
il/elle/on attendr**a**	ils/elles attendr**ont**

Some verbs have irregular stems in the future:

verb	**future stem**
aller	ir-
avoir	aur-
devoir	devr-
être	ser-
faire	fer-

verb	future stem
mourir	mourr-
pouvoir	pourr-
recevoir	recevr-
savoir	saur-
tenir	tiendr-
venir	viendr-
voir	verr-
vouloir	voudr-

1.7 The conditional (**le conditionnel**)

Function:

- Talking about what would or should happen

Forms: The conditional tense of regular verbs is formed by adding the endings *-ais, -ais, -ait, -ions, -iez, -aient* to the infinitive (or a modified form of the infinitive for *-re* verbs).

raconter		finir	
je raconter**ais**	nous raconter**ions**	je finir**ais**	nous finir**ions**
tu raconter**ais**	vous raconter**iez**	tu finir**ais**	vous finir**iez**
il/elle/on raconter**ait**	ils/elles raconter**aient**	il/elle/on finir**ait**	ils/elles finir**aient**

attendre	
j'attendr**ais**	nous attendr**ions**
tu attendr**ais**	vous attendr**iez**
il/elle/on attendr**ait**	ils/elles attendr**aient**

Verbs that have irregular stems in the future (section 1.6) have the same irregular conditional stems.

1.8 The past conditional (**le conditionnel passé**)

Function:

- Talking about what would have or should have happened

Forms: The past conditional is formed with the conditional tense of the auxiliary verb (**avoir** or **être**) and the past participle.

j'aurais raconté   j'aurais fini   j'aurais attendu   je serais allé(e)

1.9 Sequence of tenses

Function:

• Talking about what will happen if something occurs

Form:

Tense in *si* clause	Tense in result clause
present	future

Function

• Talking about what would happen if something were to occur

Form:

Tense in *si* clause	Tense in result clause
imperfect	conditional

Function

• Talking about what would have happened if something had occurred

Form:

Tense in *si* clause	Tense in result clause
pluperfect	past conditional

1.10 The future perfect (**le futur antérieur**)

Function: Talking about what will have happened before something else occurs

Forms: The future perfect is formed with the future tense of the auxiliary verb (**avoir** or **être**) and the past participle.

j'aurai raconté   j'aurai fini   j'aurai attendu   je serai allé(e)

1.11 The present subjunctive (**le présent du subjonctif**)

Functions:

The present subjunctive is found in a relative clause introduced by **que.** Its functions include:

- Talking about what is necessary or important (**il faut que, il est nécessaire que, il est essentiel que, il est important que...**)
- Talking about what is uncertain or doubtful (**il n'est pas sûr que, il n'est pas certain que; il est douteux que; je doute que; je ne suis pas sûr que, je ne suis pas certain que...**)
- Talking about wishes and desires (**je veux / désire que**)
- Talking about what is possible (**il est possible que...**)

Forms: To form the present subjunctive of regular verbs, drop the *-ent* of the **ils/elles** form of the present indicative and add the endings *-e, -es, -e, -ions, -iez, -ent.*

raconter		finir	
que je racont**e**	que nous racont**ions**	que je finiss**e**	que nous finiss**ions**
que tu racont**es**	que vous racont**iez**	que tu finiss**es**	que vous finiss**iez**
qu'il/elle/on racont**e**	qu'ils/elles racont**ent**	qu'il/elle/on finiss**e**	qu'ils/elles finiss**ent**

attendre	
que j'attend**e**	que nous attend**ions**
que tu attend**es**	que vous attend**iez**
qu'il/elle/on attend**e**	qu'ils/elles attend**ent**

Some verbs are irregular in the present subjunctive:

aller		avoir	
que j'aille	que nous allions	que j'aie	que nous ayons
que tu ailles	que vous alliez	que tu aies	que vous ayez
qu'il/elle/on aille	qu'ils/elles aillent	qu'il/elle/on ait	qu'ils/elles aient

boire

que je boive	que nous buvions
que tu boives	que vous buviez
qu'il/elle/on boive	qu'ils/elles boivent

croire

que je croie	que nous croyions
que tu croies	que vous croyiez
qu'il/elle/on croie	qu'ils/elles croient

devoir

que je doive	que nous devions
que tu doives	que vous deviez
qu'il/elle/on doive	qu'ils/elles doivent

être

que je sois	que nous soyons
que tu sois	que vous soyez
qu'il/elle/on soit	qu'ils/elles soient

faire

que je fasse	que nous fassions
que tu fasses	que vous fassiez
qu'il/elle/on fasse	qu'ils/elles fassent

pouvoir

que je puisse	que nous puissions
que tu puisses	que vous puissiez
qu'il/elle/on puisse	qu'ils/elles puissent

prendre

que je prenne	que nous prenions
que tu prennes	que vous preniez
qu'il/elle/on prenne	qu'ils/elles prennent

recevoir

que je reçoive	que nous recevions
que tu reçoives	que vous receviez
qu'il/elle/on reçoive	qu'ils/elles reçoivent

savoir

que je sache	que nous sachions
que tu saches	que vous sachiez
qu'il/elle/on sache	qu'ils/elles sachent

tenir

que je tienne	que nous tenions
que tu tiennes	que vous teniez
qu'il/elle/on tienne	qu'ils/elles tiennent

venir

que je vienne	que nous venions
que tu viennes	que vous veniez
qu'il/elle/on vienne	qu'ils/elles viennent

voir

que je voie	que nous voyions
que tu voies	que vous voyiez
qu'il/elle/on voie	qu'ils/elles voient

vouloir

que je veuille	que nous voulions
que tu veuilles	que vous vouliez
qu'il/elle/on veuille	qu'ils/elles veuillent

1.12 The imperative (**l'impératif**)

Function:

• Telling or ordering someone to do something

Forms: To form the imperative, drop the subject pronoun from the **tu, vous,** and **nous** forms of the verb in the present tense. In the **tu** form of *-er* verbs (including **aller**), the final *-s* is also dropped.

raconter	finir
raconte!	finis!
racontons!	finissons!
racontez!	finissez!

attendre
attends!
attendons!
attendez!

Some verbs have irregular imperative forms:

avoir	être
aie!	sois!
ayons!	soyons!
ayez!	soyez!

savoir
sache!
sachons!
sachez!

1.13 The present participle (**le participe présent**)

Functions:

• Talking about how an action is performed:

   Il est entré en chantant.

- Talking about actions that occur simultaneously:

  Nous dînons en regardant la télé.

- Talking about when an action occurs (with the notion of simultaneity):

  En arrivant chez moi, il a enlevé sa veste.

- Describing, telling the circumstances surrounding an action:

  Marchant tout droit, il est tombé.

- Talking about the cause or the results of an action:

  Étant parti tôt, il n'a pas vu la fin de la pièce. Il est parti tôt, laissant les autres perplexes.

Form: The present participle is formed by dropping the *-ons* of the **nous** form of the verb in the present tense and adding the ending *-ant.*

racont**ant**   finiss**ant**   attend**ant**

The present participle is introduced by the preposition **en** to express the notion of simultaneity (*while, when, upon doing an action*).

2. PRONOMINAL VERBS

Functions: Pronominal verbs have different meanings.

- Reflexive: An action "reflects back" to the subject of the sentence:

  Je m'habille. *I dress myself, I get dressed.*

- Reciprocal: An action is performed mutually:

  Elles s'écrivent. *They write to each other.* Ils se regardent. *They watch each other.* Nous nous comprenons. *We understand each other.*

Note that the reciprocal construction appears only in the plural.

- Idiomatic: The verb does not have an apparent reflexive or reciprocal meaning:

  Il s'évanouit. *He faints.*

Form: Pronominal verbs are conjugated with the addition of a pronoun. These pronouns correspond to the subject of the verb.

subject	pronoun	subject	pronoun
je	me	nous	nous
tu	te	vous	vous
il/elle/on	se	ils/elles	se

3. VERB + (PREPOSITION) + COMPLEMENT

A complement is a word or group of words that follows the verb. Verbs introduce a complement in one of four ways: with no preposition, with the preposition **à**, with the preposition **de,** or with another preposition.

3.1 Verb + complement

Many verbs introduce their complement directly, without any preposition. These complements are called direct objects. Verbs that are followed by a direct object in French in contrast to English usage are: **attendre, chercher, écouter, regarder.**

3.2 Verb + à + complement

Some verbs introduce their complements with the preposition **à: demander (quelque chose) à, dire (quelque chose) à, écrire (quelque chose) à, obéir à, parler à, plaire à, répondre à, ressembler à, téléphoner à,** etc. When the complement is a person, it is referred to as the indirect object.

3.3 Verb + **de** + complement

Verbs and verbal expressions that introduce their complements by means of the preposition **de** include **avoir besoin de** and **être amoureux de**.

3.4 Verb + other preposition + complement

A small group of verbs uses prepositions other than **à** or **de** to introduce their complements. Examples include: **se marier avec, tirer sur** (*to shoot at*).

4. PRONOUNS AND PROCOMPLEMENTS

Pronouns and procomplements take the place of nouns, noun phrases, expressions of quantity, and prepositional phrases. The following chart summarizes the function of these pronouns.

To replace	Use	Forms	Examples
the direct object	direct object pronouns	**me, te, le, la (l'), nous, vous, les**	Je vois *les enfants.* > Je *les* vois.
the indirect object	indirect object pronouns	**me, te, lui, nous, vous, leur**	Je parle *aux enfants.* > Je *leur* parle.
a nonhuman complement introduced by **à**	**y**		Je réponds *à la question.* > J'*y* réponds.
a human complement introduced by **de**	**de** + stressed pronouns	**moi, toi, lui, elle, nous, vous, eux, elles**	Je suis amoureuse *de Jean.* > Je suis amoureuse *de lui.*
a nonhuman complement introduced by **de**	**en**		J'ai besoin *de livres.* > J'*en* ai besoin.
an expression of quantity	**en**		J'ai deux *crayons.* > J'*en* ai deux.

5. ADJECTIVES

The meaning of some adjectives will change depending on their position before or after the noun.

adjective	before the noun		after the noun	
ancien	*mon ancien appartement*	my former apartment	*le bâtiment ancien*	the old, ancient building
cher	*ma chère amie*	my dear friend	*une voiture chère*	an expensive car
dernier	*la dernière semaine*	the last in a series of weeks	*la semaine dernière*	the week before this one
même	*la même histoire*	the same story	*la gentillesse même*	niceness itself
pauvre	*un pauvre homme*	an unfortunate man	*un homme pauvre*	a poor man
prochain	*la prochaine semaine*	the following week (in a series)	*la semaine prochaine*	next week
propre	*sa propre chambre*	his/her own bedroom	*une chambre propre*	a clean bedroom
seul	*une seule femme*	one woman only	*une femme seule*	a lonely woman; a single (unaccompanied) woman

6. ADVERBS

6.1 Adverbs of manner

Function: Telling how an action is performed

Form: Most adverbs of manner are formed by adding -*ment* to the feminine form of the adjective.

doux > douce > doucement *softly, quietly*

sérieux > sérieuse > sérieusement *seriously*

Some adverbs are formed by changing a final *e* to *é* and adding *-ment:*

énorme > énormément
profond > profondément

If an adjective ends in *-ai, -é, -i,* or *-u,* the corresponding adverb is formed by adding *-ment* to the masculine form:

poli > poliment
absolu > absolument

If the adjective ends in *-ent* or *-ant,* the corresponding adverb is formed by changing these endings to *-emment* or *-amment:*

intelligent > intelligemment *intelligently*
patient > patiemment *patiently*

Some adverbs are not formed in the preceding ways:

gentil > gentiment
bon > bien
meilleur > mieux
mauvais > mal

Note also the form **vite** (= **rapidement**).

6.2 Adverbs of time

Function:

• Talking about when an action is performed

Forms:

autrefois	*formerly, in former times*
bientôt	*soon*
déjà	*already*
ensuite	*then*
puis	*then*
quelquefois	*sometimes*
souvent	*often*
tard	*late*
tôt	*early*
toujours	*always*

6.3 Adverbs of place

Function:

• Talking about where an action is performed

dedans	*inside*
dehors	*outside*
derrière	*behind*
dessous	*underneath, below*
dessus	*above*
devant	*in front*
ici	*here*
là	*there*
loin	*far*
partout	*everywhere*
près	*nearby*

7. CONJUNCTIONS

Conjunctions join two parts of a sentence. They may express a number of meanings.

Time

tandis que	*while*
pendant que	*while*
quand, lorsque	*when*
avant que	*before*

Goal

afin que, pour que	*in order to*

Cause

car	*for, because*
comme	*as, since*
parce que	*because*
puisque	*since*

Comparison

autant que	*as many as*
moins que	*less than*
plus que	*more than*

Concession, opposition

bien que, quoique	*although*
cependant, pourtant	*however*
d'ailleurs	*moreover*
néanmoins	*nevertheless*
tandis que	*while*

Supposition

à moins que	*unless*
au cas où	*in the case that*
pourvu que	*provided that, unless*

Consequence

de sorte que	*in such a way that*
donc	*therefore, so*
par conséquent	*consequently*

French-English Vocabulary

*indicates an aspirate *h*

abandonner to abandon
abattu(e) *adj.* beaten down; downcast
abeille *f.* bee
abominable *adj.* wretched, horrible
abord: d'abord first of all
abreuver to water
absolument *adv.* absolutely
accepter to accept
accorder to grant
accrocher to hang; to hook
achever (j'achève) to finish, complete
acquis (*p.p. of* **acquérir**) acquired
action *f.* action
admirable *adj.* admirable
admirer to admire
adoucissant(e) *adj.* softening
affaire *f.* matter, affair
affliction *f.* illness, affliction
affolement *m.* panic
afin: afin de *prep.* in order to; **afin que** *conj.* in order that
âge *m.* age
agiter to move, agitate
agréable *adj.* nice, pleasant
agréer to please
aider to help
aies (*subj. of* **avoir**) have
aille (*subj. of* **aller**) go
ailleurs *adv.* elsewhere; **d'ailleurs** besides
aimer to like; to love
aîné(e) *m., f.* oldest child
ainsi *conj.* thus
air *m.* air; tune
airain *m.* bronze

aise *f.* ease; **j'en suis fort aise** I'm very glad about it
aisément *adv.* easily
ajouter to add
alarme *f.* alarm
alerte *adj.* alert
alléché(e) *adj.* enticed, tempted
allemand(e) *adj.* German
aller *irreg.* to go; **s'en aller** to go away
allumer to light
allumette *f.* match
alors *adv.* so, then
s'altérer (je m'altère) to change
amabilité *f.* kindness
ambassade *f.* embassy
âme *f.* soul
amener (j'amène) to bring
Américain(e) *m.,f.* American (*person*)
ami(e) *m.,f.* friend
amour *m.* love
amoureux: être amoureux/amoureuse de to be in love with
amusant(e) *adj.* funny
s'amuser to have a good time
an *m.* year
ancien(ne) *adj.* former; ancient
anéanti(e) *adj.* destroyed; overwhelmed, done in
ange *m.* angel
Anglais(e) *m.,f.* English (*person*)
animal *m.* animal
année *f.* year
annoncer (nous annonçons) to announce
août *m.* August

apaiser to calm down, quiet down
apercevoir (*like* **recevoir**) *irreg.* to notice
aperçut (*p.s. of* **apercevoir**) noticed
aplatir to smooth out
apparaître (*like* **connaître**) *irreg.* to appear
appel *m.* call, appeal
appeler (**j'appelle**) to call
applaudir to applaud
s'appliquer to apply oneself
apporter to bring
apprécier to appreciate
apprendre (*like* **prendre**) *irreg.* to learn
apprirent (*p.s. of* **apprendre**) learned
appris (*p.p. of* **apprendre**) learned
s'approcher to approach
approuver to approve
après *prep.* after
après-midi *m.* afternoon
arbitre *m.* referee
arborer to sport (*clothing*)
arbre *m.* tree
ardeur *f.* passion, ardor, fervor
argent *m.* money
armoire *f.* wardrobe, closet
arpent *m.* measure of land
arracher to tear away, snatch away
s'arrêter to stop
arriver to arrive; to succeed; to happen
aspirer to vacuum; to inhale, suck in;
  aspirer à to aspire to
s'asseoir (*p.p.* **assis**) *irreg.* to sit down
assez *adv.* enough
assis(e) *adj.* seated
assurément *adv.* certainly
attache *f.* strap
attacher to attach
attaque *f.* attack
attendre to wait for
attentif/attentive *adj.* attentive
s'atténuer to lessen

attraper to catch
attrister to sadden
aube *f.* dawn
aucun(e): ne... aucun(e) no, none
au-dessous below
aujourd'hui *adv.* today
auparavant *adv.* before, previously
auprès de *prep.* near
aussi *adv.* also
aussitôt immediately
aussitôt que as soon as
automne *m.* autumn
autour *adv.* around
autre *adj.* other, another
autrefois *adv.* formerly
avaler to swallow
avancé(e) *adj.* advanced
avancée *f.* (**du quai**) overhang (of the dock)
avancer (**nous avançons**) to advance
avant *prep.* before
avantage *m.* advantage
avantageux/avantageuse *adj.* advantageous
avec *prep.* with
aventure *f.* adventure
aveuglé(e) *adj.* blinded
avide *adj.* greedy
avion *m.* airplane
avis *m.* opinion
avoir (*p.p.* **eu**) *irreg.* to have; **avoir besoin de** to need; **avoir envie de** to want, desire; **avoir raison** to be right; **avoir sommeil** to be sleepy; *m.* wealth
ayant (*pr.p. of* **avoir**) having

baigner to bathe
baiser *m.* kiss
balai *m.* broom
balancer (**nous balançons**) to balance, weigh
ballon *m.* ball, balloon
banc *m.* bench

barreau *m.* bar

bas *m.* stocking

bas(se) *adj.* low; **de haut en bas** from top to bottom

bassin *m.* pool, pond

bâton *m.* stick; (hockey) stick

bavard(e) *adj.* chatty

beau (bel, belle [beaux, belles]) *adj.* handsome, beautiful; fine

beaucoup *adv.* a lot

beau-père *m.* father-in-law; stepfather

beauté *f.* beauty

bébé *m.* baby

bec *m.* beak

béni(e) *adj.* blessed

bercer (nous berçons) to rock, cradle

besoin *m.* need; **avoir besoin de** to need

bête *adj.* stupid; *f.* beast, animal

beurre *m.* butter

bien *adv.* well; *m.* possession; *pl.* goods

bien-être *m.* well-being

bienfait *m.* act of kindness

bijou (*pl.* **bijoux**) *m.* jewel

bise *f.* north wind; winter

blanc/blanche *adj.* white

blême *adj.* pale

blesser to wound

bleu(e) *adj.* blue

blond(e) *adj.* blond

bobinette *f.* wooden latch

boire (*p.p.* **bu**) *irreg.* to drink

bois *m.* woods

bon(ne) *adj.* good

bonhomme *m.* chap, fellow; **bonhomme de neige** snowman

bord *m.* edge

bouche *f.* mouth

bouclier *m.* shield

bouger (nous bougeons) to move

bouillant(e) *adj.* boiling

bouleau *m.* birch

boulevard *m.* boulevard

bouquet *m.* bouquet (*of flowers*)

bout *m.* end

bracelet *m.* bracelet

branche *f.* branch

bras *m.* arm; **bras dessus, bras dessous** arm in arm

brasier *m.* inferno

brave: brave homme *m.* good fellow

bref/brève *adj.* short, brief

brillant(e) *adj.* shining, brilliant

brise *f.* breeze

briser to shatter

bruit *m.* noise

brûler to burn

brun(e) *adj.* brown

brusquement *adv.* abruptly

bûcheron *m.* woodcutter, lumberjack

but *m.* goal

cacher to hide

cadavre *m.* body, cadaver

café *m.* café; coffee

cage *f.* cage

caisse *f.* chest; cash register; box, crate

calligraphie *f.* calligraphy, (ornamental) handwriting

calme *adj.* calm

calvaire *m.* wayside cross

Canadiens *m.pl. Montreal hockey team*

candeur *f.* naïveté

canne *f.* cane

caoutchouc *m.* rubber

captif/captive *adj.* captive

car *conj.* for, because

caresse *f.* caress

cartable *m.* bookbag

carte *f.* card; map

casser to break

casserole *f.* pot, casserole
catalogue *m.* catalogue
cause *f.* cause; **à cause de** because of
ce (cet, cette, ces) *adj.* this, that
cela *pron.* that
célèbre *adj.* famous
celui (celle, ceux, celles) *pron.* this one (the ones), these, those
cendre *f.* ash
censure *f.* censorship
Centaure *m.* centaur
cérémonie *f.* ceremony
certain(e) *adj.* sure, certain
certes *adv.* certainly
cesser to stop, cease
chagriner to distress; to disappoint
chair *f.* flesh
chaise *f.* chair
chandail *m.* hockey jersey; sweater
changer (nous changeons) to change
chanter to sing
chantonner to hum
chaperon *m.* hood
chaque *adj.* each
chargé: chargé à ras bord filled to the brim
charger (nous chargeons) to fill
chat *m.* cat
chaud(e) *adj.* hot
chaudement *adv.* hotly
chaudron *m.* kettle
chauffer to heat
chef *m.* head, boss
chemin *m.* path, way
cher/chère *adj.* dear; expensive
chercher to look for
cherra (*fut. of* **choir**) *archaic* will fall; will release
cheveux *m.pl.* hair
chevillette *f.* wooden key
chez *prep.* at the house of, at

Chine *f.* China
chinois(e) *adj.* Chinese
choisir to choose
chose *f.* thing
ciel *m.* sky; heaven
cigale *f.* cicada
cimetière *m.* cemetery
cinéma *m.* movie theater
cinq *adj.* five
circonstance *f.* circumstance; occasion
clarté *f.* clarity, clearness
cloche *f.* bell
clos(e) *adj.* closed
coffre *m.* chest, trunk
coin *m.* corner
colère *f.* anger
coller to stick; to paste; to fail
combat *m.* combat
combien *adv.* how many
commande *f.* order
commander to order
comme *adv.* as
commencer (nous commençons) to begin
comment *adv.* how
commerce *m.* business
commère *f.* title implying affection; Mrs.
commode *adj.* convenient
compagnie *f.* company
compagnon/compagne *m.,f.* companion
compère *m.* title implying affection; Mr.
complainte *f.* complaint
compliqué(e) *adj.* complicated
comprendre (*like* **prendre**) *irreg.* to understand
compte *m.* account; counting
concevoir (*like* **recevoir**) *irreg.* to conceive
conclure (*p.p.* **conclu**) *irreg.* to conclude
condamné(e) *adj.* condemned
condition *f.* condition
confier to confide

confondre to confuse, confound
confus(e) *adj.* mixed-up, confused; distressed
connaître (*p.p.* **connu**) *irreg.* to be acquainted with
connu (*p.p. of* **connaître**) known
conseil *m.* advice
consommer to consume
contemplation *f.* contemplation, state of being deep in thought
contemporain(e) *adj.* contemporary
content(e) *adj.* happy
continuer to continue
contraire *m.* opposite
contre *prep.* against
contrefaire (*like* **faire**) *irreg.* to disguise; to counterfeit
contrefaisant (*pr.p. of* **contrefaire**) counterfeiting
contrôleur *m.* conductor, inspector
convenir (*like* **venir**) *irreg.* to be suitable
coranique *adj.* Koranic
corbeau *m.* crow
corde *f.* rope
corps *m.* body
corruption *f.* corruption
cortège *m.* procession
costume *m.* costume; suit; uniform
côté *m.* side
couchant *m.* sunset
coucher to put to bed; **se coucher** to go to bed
couler to flow
couleur *f.* color
coup *m.* blow
courant(e) *adj.* flowing; current; *m.* current; **courant d'air** draft
courir (*p.p.* **couru**) *irreg.* to run
cours *m.* course
course *f.* race
court(e) *adj.* short

couscous *m.* North African stew made with semolina
coutume *f.* custom, manner; **avoir coutume** to have the habit
couverture *f.* cover
craindre (*p.p.* **craint**) *irreg.* to fear
créer to create
cresson *m.* watercress
creux/creuse *adj.* worn; hollow; **l'heure était creuse** it was a slack hour
crier to cry out
criquette *f.* cricket
croc *m.* tooth, fang
croire (*p.p.* **cru**) *irreg.* to believe
cru (*p.p. of* **croire**) believed
crut (*p.s. of* **croire**) believed
cueillir (*p.p.* **cueilli**) *irreg.* to gather
cuire (*p.p.* **cuit**) *irreg.* to cook
cuisinière *f.* cook; stove

dame *f.* lady
dangereusement *adv.* dangerously
dans *prep.* in, within
danser to dance
davantage *adv.* more
débris *m.* debris, rubbish
deçà, delà here and there
décent(e) *adj.* decent
déception *f.* disappointment
décharger (nous déchargeons) to discharge; to unload
déchirer to tear
décider to decide
déclarer to declare
découper to cut out
défaut *m.* character flaw
défense *f.* defense
dehors *adv.* outside
déjà *adv.* already
délibérations *f.* proceedings, deliberations

demander to ask
demeurer to remain; to live
demi-confidence *f.* allusion; partial revelation
démocratie *f.* democracy
démonter to take apart
dent *f.* tooth; **se mettre sous la dent** to eat
dépasser to exceed, go beyond
dépens: aux dépens de *m.* at the expense of
déplaisant(e) *adj.* unpleasant
déplaise (*subj. of* **déplaire**) displease
dépourvu(e) *adj.* deprived, lacking
depuis *prep.* since
dernier/dernière *adj.* last
dérobée: à la dérobée on the sly
derrière *prep.* behind
désert *m.* desert
désespéré(e) *adj.* desperate, hopeless
déshabillé *m.* nightgown
déshabiller to undress; **se déshabiller** to get undressed
désigner to designate
désir *m.* desire
désirer to desire
désobéissant(e) *adj.* disobedient
dessiner to draw
dessous *prep.* below; **en dessous** below; **bras dessus, bras dessous** arm in arm
dessus *prep.* above; **au-dessus** above; **bras dessus, bras dessous** arm in arm
deuil *m.* mourning, sorrow
deux *adj.* two
deuxième *adj.* second
devancer (**nous devançons**) to get ahead of, outdistance
devant *prep.* in front of
devenir (*like* **venir**) *irreg.* to become
devenu (*p.p. of* **devenir**) become
devoir (*p.p.* **dû**) *irreg.* to have to; *m.* duty
dévorer to devour

diable *m.* devil
diablotin *m.* little devil
Dieu *m.* God
différent(e) *adj.* different
digne *adj.* worthy
dignité *f.* worth; dignity
dire (*p.p.* **dit**) *irreg.* to say
dirent (*p.s. of* **dire**) said
dirigeable *m.* dirigible, airship
discours *m.* speech
disque *m.* record, disk; **disque de caoutchouc** hockey puck
docteur *m.* doctor
domestique *adj.* domestic; *m.,f.* servant
dompteur *m.* tamer
don *m.* gift
donc *conj.* so, therefore
donner to give
dont *pron.* whose, of whom
dormir *irreg.* to sleep
dos *m.* back
doucement *adv.* softly, gently
douleur *f.* pain, sorrow
doute *m.* doubt
doux/douce *adj.* sweet
droit *m.* law; *adv.* straight ahead
droite *f.* right
droitement: tout droitement *adv.* exactly
drôle *adj.* funny, amusing
dû (*p.p. of* **devoir**) had to
dune *f.* dune
dur(e) *adj.* hard, difficult
durer to last

Eaton *Montreal department store*
eau *f.* water
s'échapper to escape
échelle *f.* ladder
éclat *m.* burst
écœurer to dishearten, sicken

école *f.* school
écouter to listen to
s'écrier to cry out
écrire (*p.p.* **écrit**) *irreg.* to write
écumeux/écumeuse *adj.* foamy
Eden (Garden of) Eden
effet *m.* effect
s'efforcer (**nous nous efforçons**) to make an
    effort, try
égal(e) *adj.* equal
église *f.* church
s'élancer (**nous nous élançons**) to rush (dash)
    forward
électrique *adj.* electric
elle-même *pron.* herself
éloge *m.* praise
éloigné(e) *adj.* distant, far away
émaillé(e) *adj.* enameled
emballage *m.* wrapping paper
embarrasser to embarrass
embrasser to kiss
empêcher to prevent
employer (**j'emploie**) to use; to employ
emporter to carry away, carry off
emprunteur/emprunteuse *m.,f.* borrower
encore *adv.* still, yet
endormir (*like* **dormir**) *irreg.* to put to sleep;
    s'endormir to fall asleep
endroit *m.* place
endurer to endure, bear, stand
énergumène *m.* wide-eyed fanatic, zealot
enfance *f.* infancy
enfant *m.,f.* child
enfiler to thread; to slip on, put on
enfin *adv.* finally
enfoncé(e) *adj.* sunken
s'enfoncer (**il s'enfonçait**) to sink in
s'enfuir (*p.p.* **enfui**) *irreg.* to flee
enlever (**j'enlève**) to take away
ennui *m.* annoyance, worry

s'ennuyer (**je m'ennuie**) to be bored
enrager (**nous enrageons**) to become angry
    (enraged)
enrhumé(e) *adj.* having a cold
ensuite *adv.* next
entendre to hear; to listen to
enthousiasme *m.* enthusiasm
entier/entière *adj.* whole
entrailles *f.* entrails
entrée *f.* entrance
entremêlé(e) *adj.* mixed with
entreprendre (*like* **prendre**) *irreg.* to
    undertake
entrer to enter
s'entretenir (*like* **venir**) *irreg.* to converse
entrevoir (*like* **voir**) *irreg.* to glimpse, catch
    sight of
envie *f.* envy, desire; **avoir envie de** to want,
    desire
envier to envy
envieux/envieuse *adj.* envious
s'envoler to fly away
envoyer (**j'envoie**) to send
épaisseur *f.* thickness
épaule *f.* shoulder
épée *f.* sword
épouser to marry
épousseter (**j'époussette**) to dust
éprouver to feel
équipe *f.* team
érable *m.* maple tree
errer to wander; to err
espagnol(e) *adj.* Spanish
espérance *f.* hope
espérer (**j'espère**) to hope for
esprit *m.* mind, spirit
essayer (**j'essaie**) to try; to try on
est *m.* east
estomac *m.* stomach
étage *m.* floor

étant (*pr.p. of* **être**) being
étape *f.* step, stage
États-Unis *m.pl.* United States
été *m.* summer
été (*p.p. of* **être**) been
étendre to extend
étendu(e) *adj.* extended
éternel(le) *adj.* eternal
étoffe *f.* cloth
étonné(e) *adj.* surprised, astonished
s'étonner to be surprised; **ne s'étonna guère** was hardly surprised
étranger/étrangère *m.,f.* stranger, foreigner
être (*p.p.* **été**) *irreg.* to be; *m.* human being
étroit(e) *adj.* narrow
eus (*p.s. of* **avoir**) had
eut (*p.s. of* **avoir**) had
eût (*imperf. subject of* **avoir**) would have
eux *pron.* them
s'évanouir to faint
évocateur/évocatrice *adj.* evocative, bringing to mind
évoquer to evoke, bring to mind
exceptionnel(le) *adj.* exceptional
exiger (nous exigeons) to demand
expédition *f.* expedition
expliquer to explain
exploration *f.* exploration
exposer to put forth; to expose
extrême *adj.* extreme
extrémité *f.* extremity

face *f.* face, side
façon *f.* manner, way
faillir (+ *inf.*) to almost (*do something*), be on the verge of
faim *f.* hunger
faire (*p.p.* **fait**) *irreg.* to make; to do
falloir (*p.p.* **fallu**) *irreg.* to be necessary; **il faut** it is necessary

fallut (*p.s. of* **falloir**) was necessary
famille *f.* family
famine *f.* famine
fasse (*subj. of* **faire**) do
fatigue *f.* fatigue, tiredness
faut: il faut it is necessary
faute *f.* mistake
fauteuil *m.* armchair
faux/fausse *adj.* false
favori(te) *adj.* favorite
femme *f.* woman
fenêtre *f.* window
fermer to close
feu(e) *adj.* deceased
feu (*pl.* **feux**) *m.* fire
feuille *f.* leaf
feuilleter (je feuillette) to leaf through
fiant (*p.p. of* **fier**) trusting
fidèle *adj.* faithful
fier/fière *adj.* proud
figue *f.* fig
fil *m.* wire
fille *f.* girl, daughter
fils *m.* son
fin *f.* end
firent (*p.s. of* **faire**) did; made
fis (*p.s. of* **faire**) did; made
fit (*p.s. of* **faire**) did; made
flatteur *m.* flatterer
fleur *f.* flower
fleuve *m.* river
flot *m.* wave
fois *f.* time
folie *f.* foolishness, folly
follement *adv.* foolishly
fond *m.* depth; **au fond** at the depths
fonderie *f.* foundry
fontaine *f.* fountain
fonte *f.* cast iron
force *f.* force, might; **à force de** by virtue of

forêt *f.* forest
forme *f.* shape, form
formule *f.* formula; **formule de commande** order form
fort *adv.* very
fort(e) *adj.* strong
fortune *f.* fortune
fou (fol, folle) *adj.* crazy
fourmi *f.* ant
fragile *adj.* fragile
frais/fraîche *adj.* fresh; **il fait frais** it is cool (weather)
frapper to strike
fraternellement *adv.* in a brotherly way
frissonner to shudder, shiver
froid(e) *adj.* cold
froidure *f.* coldness
fromage *m.* cheese; **râpe** (*f.*) **à fromage** cheese grater
front *m.* forehead
fuir (*p.p.* **fui**) *irreg.* to flee
fumée *f.* smoke
fumoir *m.* smoking room
fus (*p.s. of* **être**) was
fut (*p.s. of* **être**) was

gagner to earn; to win
galette *f. type of cake or pastry*
gant *m.* glove
garçon *m.* boy; café waiter
garde *f.* guard, safe-keeping
garder to keep; to guard
gâter to spoil
gémir to moan
gendre *m.* son-in-law
général(e) *adj.* general
genre *m.* type, kind
gens *m.pl.* people
gentil(le) *adj.* nice
gentilhomme *m.* gentleman

geste *m.* gesture
glace *f.* ice; mirror
glaïeul *m.* gladiolus
glaive *m.* sword
glisser to slip, slide; **glisser à l'oreille** to whisper
gloire *f.* glory
glorieux/glorieuse *adj.* glorious
gommé: ruban (*m.*) **gommé** adhesive tape
gosier *m.* gullet
gourmandise *f.* greediness, greed
goût *m.* taste
grâce *f.* grace
grain *m.* grain, particle
graine *f.* seed
grand(e) *adj.* big, tall
grandir to become big; to grow up
gravement *adv.* gravely
gré *m.* wish; **à son gré** in one's opinion; to one's liking
grève *f.* strike; (*river*) bank
grief *m.* grievance
grille *f.* fence; grid
grimper to climb
gronder to scold
gros(se) *adj.* big, fat
grossir to grow big; to become fat
gruyère *m. a type of cheese;* **râpe** (*f.*) **à gruyère** cheese grater
guère: ne... guère scarcely; **ne s'étonna guère** was hardly surprised
guerre *f.* war

habiller to dress (someone); **s'habiller** to dress oneself
habitant *m.* inhabitant
habitation *f.* house, building, dwelling
habiter to live
habits *m.* clothes
habitude *f.* habit, custom

habituel(le) *adj.* habitual, usual
***haillon** *m.* rag
***haine** *f.* hatred
***harceler (je harcèle)** to harass; to pester
***hasard** *m.* chance
***haut(e)** *adj.* high; **au haut de** at the summit of; **de haut en bas** from top to bottom
***haut-parleur** *m.* loudspeaker
herbe *f.* grass
***hêtre** *m.* beech
heur *m.* happiness
heure *f.* hour
heureux/heureuse *adj.* happy
***heurter** to strike, run into
histoire *f.* story; history
hiver *m.* winter
***hocher** to nod
homme *m.* man
honnête *adj.* honest
honneur *m.* honor
honorer to honor
***honteux/honteuse** *adj.* shameful
***hors de** *prep.* outside of; beyond
hôte *m.* host; guest
***huche** *f.* hive; breadbox
humain(e) *adj.* human
***humer** to inhale
***hurler** to scream
hymne *m.* hymn

ici *adv.* here
idée *f.* idea
ignorant(e) *adj.* not knowing
imaginer to imagine
immobile *adj.* unmovable, immobile
impatient(e) *adj.* impatient
importe: n'importe no matter; **n'importe où** no matter where
inclus(e) *adj.* included
impossible *adj.* impossible

incommode *adj.* inconvenient; awkward
inconstamment *adv.* in a fickle manner
indigo *m.* indigo (*color*)
indistinct(e) *adj.* difficult to distinguish, indistinct
indulgent(e) *adj.* generous, indulgent
inespéré(e) *adj.* unhoped for
infini(e) *adj.* infinite
infliger (nous infligeons) to inflict
informer to inform
injuste *adj.* unfair
inquiet/inquiète *adj.* worried
inquiétude *f.* worry
insatiable *adj.* insatiable, unable to be satisfied
inspecter to inspect
s'installer to take one's place
instances *f.* entreaties
instant *m.* moment, instant
institutrice *f.* elementary school teacher
instructif/instructive *adj.* educational, instructive
insulter to insult
intention *f.* intention
intéressant(e) *adj.* interesting
intérêt *m.* interest
interroger (nous interrogeons) to question
intrigue *f.* scheme, plot
intriguer to scheme, plot
introduit(e) *adj.* introduced
inutile *adj.* useless
inventer to invent
invention *f.* invention
invité(e) *adj.* invited; *m.,f.* guest
irez (*fut. of* **aller**) will go
irriter to annoy, irritate
ivresse *f.* drunkenness

jagonce *f. precious stone*
jamais *adv.* ever; **ne... jamais** never

jambe *f.* leg
jardin *m.* garden, yard
jaune *adj.* yellow
jeter (je jette) to throw
jeudi *m.* Thursday
jeune *adj.* young
jeunesse *f.* youth
joie *f.* joy
joli(e) *adj.* pretty
jouer to play
joueur/joueuse *m.,f.* player
jouir de to enjoy
jour *m.* day
journal (*pl.* **journaux**) *m.* newspaper
journée *f.* daytime period
joyeux/joyeuse *adj.* joyous
juger (nous jugeons) to judge
jurer to swear
jusqu'à *prep.* until
juste *adj.* fair, just
justement *adv.* exactly

là *adv.* there; **là-bas** over there; **là-dessus** thereupon; in that; **là-haut** above; up there
lacer (nous laçons) to lace
lacet *m.* lace
laisser to leave
lait *m.* milk
lampe *f.* lamp
langage *m.* talk, language
langue *f.* language; tongue
langueur *f.* melancholy
large *adj.* wide
larme *f.* tear
larmoyer (je larmoie) to tear up, cry
las(se) *adj.* weary
leçon *f.* lesson
légèrement *adv.* lightly, slightly
légitime *adj.* legitimate
lent(e) *adj.* slow

lentement *adv.* slowly
lequel (laquelle, lesquels) *pron.* which one
lettre *f.* letter
levant *m.* sunrise
lever (je lève) to raise; **se lever** to get up
lèvre *f.* lip
liane (douce) *f.* liana (*tropical vine*)
liberté *f.* liberty
libre *adj.* free
lieu *m.* place
ligne *f.* line
lire (*p.p.* **lu**) *irreg.* to read
lit *m.* bed
livrée *f.* livery
loi *f.* law
loin *adv.* far
long/longue *adj.* long; **en savoir plus long** to know more about it; **le long de** along
longtemps *m.* a long time
lorgner to ogle
lorsque *conj.* when
louange *f.* praise
louer to rent
loup *m.* wolf
lourd(e) *adj.* heavy
lueur *f.* glow
lui *pron.* him
luire (*p.p.* **lui**) *irreg.* to shine
lumière *f.* light
lundi *m.* Monday
lune *f.* moon

magasin *m.* store
maigre *adj.* thin, meager
main *f.* hand
maint(e) *adj.* many
mais *conj.* but
maison *f.* house
maître *m.* master
majesté *f.* majesty

mal *m.* illness, hurt; *adv.* badly
malade *adj.* ill
malheur *m.* misfortune
malheureux/malheureuse *adj.* unfortunate
malicieux/malicieuse *adj.* mischievous
manche *f.* sleeve
manger (nous mangeons) to eat
manie *f.* obsession
manière *f.* manner
manifeste *adj.* obvious, evident
manifester to express; to demonstrate
manque *m.* lack
maraudeur/maraudeuse *m.,f.* pilferer, marauder
marchand(e) *m.,f.* merchant
marche *f.* step
marcher to walk
mardi *m.* Tuesday
mariage *m.* marriage
matin *m.* morning
mauvais(e) *adj.* bad
mécanique *adj.* mechanical
méchant(e) *adj.* evil
médisance *f.* gossip
méditatif/méditative *adj.* meditative, in a state of meditation
meilleur(e) *adj.* better; **le/la/les meilleur(e)(s)** best
mélancolie *f.* melancholy
même *adj.* even; same
ménager/ménagère *adj.* household
ménagerie *f.* menagerie, zoo
mener (je mène) to lead
mensonge *m.* lie
mentir (*like* **dormir**) *irreg.* to lie
mer *f.* sea
mercredi *m.* Wednesday
mère-grand *f.* grandmother (*archaic*)
merveilleux/merveilleuse *adj.* wonderful, marvelous

métaphysique *adj.* metaphysical; *f.* metaphysics
métier *m.* trade
mettre (*p.p.* **mis**) *irreg.* to place, put; **se mettre sous la dent** to eat
meuble *m.* furniture
miel *m.* honey
mien(ne)(s) (le, la, les) *pron.* mine
mieux *adv.* better; **le mieux** best
mince *adj.* thin, slight
ministère *m.* government ministry
miroir *m.* mirror
mis (*p.p. of* **mettre**) put
misérable *adj.* abject, miserable
mit (*p.s. of* **mettre**) put
mite *f.* moth
mobile *adj.* movable, mobile
modestement *adv.* modestly
mode *m.* manner, way; *f.* fashion
mœurs *f.* customs, manners
moindre *adj.* least
moins *adv.* less; **du moins** at least
moitié *f.* half
môle *m.* pier or jetty
moment *m.* moment
monde *m.* world; people (visitors)
monotone *adj.* monotonous
montagne *f.* mountain
montrer to show
morceau *m.* piece, morsel
mort *f.* death; **mort(e)** *adj.* dead
mot *m.* word
mou (mol, molle) *adj.* soft
mouche *f.* fly
moulin *m.* mill
mourir (*p.p.* **mort**) *irreg.* to die
mousse *f.* foam
mouton *m.* sheep
muet/muette *adj.* mute
mur *m.* wall

murmurer to murmur
mystère *m.* mystery

narine *f.* nostril
nation *f.* nation
national(e) *adj.* national
natte *f.* braid
nature *f.* nature
naturel(le) *adj.* natural
neige *f.* snow
neuf *adj.* nine
neuf/neuve *adj.* new
nez *m.* nose
ni... ni neither . . . nor
noir(e) *adj.* black
noisette *f.* hazelnut
nom *m.* name
nouer to knot
nourrir to nourish
nouveau (nouvel, nouvelle [nouveaux, nouvelles]) *adj.* new
noyer (je noie) to drown
nu(e) *adj.* naked
nuage *m.* cloud
nuit *f.* night
nul(le) *adj.* no, not any
numéro *m.* number
nuque *f.* nape of the neck

objet *m.* object
obligé(e) *adj.* forced, obligated
obligeant(e) *adj.* obliging
obliger (nous obligeons) to obligate
obscurcir to darken
obsèques *f.pl.* funeral
obstinément *adv.* obstinately
obtenir (*like*** venir)** *irreg.* to obtain
occasion *f.* opportunity, occasion
ocre *adj.* ochre (*color*)
odeur *f.* odor

office *m.* (*here*) kitchen
officieux/officieuse *adj.* unofficial, informal
oiseau *m.* bird
oiselet *m.* little bird
ombre *f.* shadow
ombreux/ombreuse *adj.* shadowy
on *pron.* one, people, we, they
once *f.* ounce
onde *f.* wave
opiniâtre *adj.* stubborn
opportune *adj.* timely
or *conj.* now
orangé(e) *adj.* orangey, orange-colored
ordre *m.* order
oreille *f.* ear; **glisser à l'oreille** to whisper
orgueil *m.* pride
orné(e) *adj.* ornamented
oser to dare
où *adv.* where
oubli *m.* forgetting, neglecting
oublier to forget
ouvert(e) *adj.* open
ouvrir (*p.p.*** ouvert)** *irreg.* to open; **s'ouvrir** to open oneself

pair: de pair equal
paisible *adj.* peaceful
paix *f.* peace
paladin *m.* knight-errant
pâle *adj.* pale
pâli (*p.p. of*** pâlir)** turned pale
palme *f.* palm
papier *m.* paper
papillon *m.* butterfly
par *prep.* by; through; out of; **par delà** *prep.* beyond; **par-dessus** *prep.* above, on top of
par ruse by deceit
paradis *m.* paradise
paraître (*like*** connaître)** *irreg.* to seem
parapluie *m.* umbrella

parc *m.* park
parce que *conj.* because
pardon *m.* pardon
pareil(le) *adj.* similar
parent *m.* parent
parfaitement *adv.* perfectly
parfois *adv.* sometimes
parfum *m.* perfume
parisien(ne) *adj.* Parisian
parmi *prep.* among
parole *f.* word
particulièrement *adv.* particularly
partie *f.* part
partir (*like* **dormir**) *irreg.* to leave
partout *adv.* throughout, everywhere
parvenir (*like* **venir**) *irreg.* to succeed, reach
pas *m.* step, pace
passager/passagère *adj.* passing; *m.,f.* passenger
passant(e) *m.,f.* passer-by
passer to pass (by)
patience *f.* patience
patin *m.* skate
patinoire *f.* skating rink
patriotisme *m.* patriotism
patron(ne) *m.,f.* boss
paupière *f.* eyelid
pauvre *adj.* poor
payer (**je paie**) to pay
pays *m.* country
péché *m.* sin
peindre (*p.p.* **peint**) *irreg.* to paint
peine *f.* pain, sorrow, suffering
pelouse *f.* lawn
pencher to lean
pendant during
pendant que while
pendule *f.* clock
pénétrer (**il pénètre**) to penetrate

péniche *f.* barge
pensée *f.* thought
penser to think
percher to perch
perdre to lose
période *f.* period (*of time*)
perle *f.* pearl
perplexe *adj.* confused, perplexed, worried
perroquet *m.* parakeet
perruche *f.* budgie (*type of bird*)
perse *adj.* Persian
persécution *f.* persecution
personne *f.* person; **ne... personne** no one
peser (**je pèse**) to weigh
peu *adv.* little, few
peuple *m.sing.* people
peur *f.* fear
peureux/peureuse *adj.* fearful
peut-être *adv.* perhaps
phénix *m.* phoenix; paragon
photographie *f.* photograph
piano *m.* piano
piastre *f. Canadian coin*
picorer to peck at
pied *m.* foot
pierre *f.* stone
pieu (*pl.* **pieux**) *m.* stake
pioche *f.* pick
piolet *m.* axe
piquet *m.* stake
pire *adj.* worse; **le/la/les pire(s)** the worst
pisser to urinate
place *f.* square, place
placer (**nous plaçons**) to place
se plaindre (*like* **craindre**) *irreg.* to complain
plaisir *m.* pleasure; **à plaisir** to one's heart's content
planche *f.* plank, board; **planche d'eau** plank made out of water

planète *f.* planet
planter to plant
plat(e) *adj.* flat
plein(e) *adj.* full
pleurer to cry
pleut: il pleut it is raining
pleuvoir (*p.p.* **plu**) *irreg.* to rain
pli *m.* fold
plonger (**nous plongeons**) to dive, plunge
pluie *f.* rain
plumage *m.* plumage, feathers
plupart: la plupart de most of
plus (de) more; **de plus** moreover; **ne... plus** no longer
plutôt *adv.* rather
poche *f.* pocket
poêle *f.* frying pan; *m.* stove, wood stove
poésie *f.* poetry
poids *m.* weight
point *m.* point
pointe *f.* tip; **sur la pointe des pieds** on tiptoe
poitrine *f.* chest
poli(e) *adj.* polite
pont *m.* bridge
port *m.* port
porter to carry; to wear
poser (une question) to ask (a question); **se poser** to land
posséder (je possède) to possess
poste *m.* radio set; teaching/government position
pot *m.* pot, jar; **prendre un pot** to have a drink
pour *prep.* for
pousser to push
poussière *f.* dust
précepte *m.* precept
précieux/précieuse *adj.* precious
précipiter to rush

prédire (*like* **dire**, *except* **vous prédisez**) *irreg.* to foretell; to predict
préférer (je préfère) to prefer
prélude *m.* prelude
premier/première *adj.* first
prendre (*p.p.* **pris**) *irreg.* to take; to eat a meal; **prendre un pot** to have a drink
préparer to prepare
près *adv.* near
présence *f.* presence
présider to preside
presque *adv.* almost
prêt(e) *adj.* ready
prétendre to claim
prêter to loan
prêteur/prêteuse *m.,f.* lender
prévenir (*like* **venir**) *irreg.* to warn; to notify
prévu(e) *adj.* expected
prier to pray; to beg
prière *f.* prayer
prince *m.* prince
principal(e) *adj.* main, principal
printemps *m.* spring
pris (*p.p. of* **prendre**) taken
priser to prize, value highly
prisonnier/prisonnière *m.,f.* prisoner
privé(e) *adj.* private
prochain(e) *adj.* next
profit *m.* profit
proie *f.* prey
promener (je promène) to walk; **se promener** to take a walk
promesse *f.* promise
promettre (*like* **mettre**) *irreg.* to promise
promis(e) *adj.* promised
prompt(e) *adj.* prompt
prononcer (nous prononçons) to pronounce
prud'homme *m.* honorable man
puis *adv.* then

punir to punish
punition *f.* punishment
pur(e) *adj.* pure
pureté *f.* purity
put (*p.s. of* **pouvoir**) was able

quai *m.* platform, wharf, quai
quand *conj., adv.* when; **quand même**
  even so
quant à as for
quel(le) *adj.* which
quelque *adj.* some
quelquefois *adv.* sometimes
quelqu'un *pron.* someone
querelleur/querelleuse *adj.* quarrelsome
quêteur/quêteuse *m.,f.* collector
queue *f.* line; tail
quitter to leave
quotidien(ne) *adj.* daily

raison *f.* reason; **avoir raison** to be right
raisonnable *adj.* reasonable
ramage *m.* warbling
ramasser to gather, collect
ramper to creep, crawl, slither
rang *m.* rank, row
ranger (**nous rangeons**) to put in order,
  arrange
râpe (*f.*) **à gruyère / râpe à fromage** cheese
  grater
râper to grate
rapidement *adv.* rapidly
rapport *m.* relation, relationship
rapporter to earn, bring in
rarement *adv.* rarely
rassit (*p.s. of* **rasseoir**) sat down again
ravi(e) *adj.* delighted
raviser to change one's mind
rayon *m.* ray

réaliser to complete, achieve, realize
réalité *f.* reality
récemment *adv.* recently
recevoir (*p.p.* **reçu**) *irreg.* to receive
réciter to recite
réclamer to demand, ask insistently
récompenser to compensate
reconnaissant(e) *adj.* grateful
reçu (*p.p. of* **recevoir**) received; *m.* receipt
redevenir (*like* **venir**) *irreg.* to become again
réfléchir to think about, reflect
regard *m.* look
regarder to look at
régner (**je règne**) to reign
regretter to miss; to regret
régulièrement *adv.* regularly
rejoindre (*p.p.* **rejoint**) *irreg.* to meet up
  with, rejoin
relever (**je relève**) to raise, raise up
remarque *f.* remark
remarquer to notice; to remark
remerciement *m.* thanks
remercier to thank
remettre (*like* **mettre**) *irreg.* to postpone;
  to put back
remorquer to tow
remorqueur *m.* tugboat
remplir to fill
renard *m.* fox
rencontre *f.* meeting, encounter
rencontrer to meet
rendre to return; to make; to throw up;
  rendre témoignage to bear witness
répéter (**je répète**) to repeat
réplique *f.* reply, answer
répliquer to reply, answer
répondre to answer
réponse *f.* answer
repos *m.* rest

se reposer to rest
reprendre (*like* **prendre**) *irreg.* to take up again, continue
reprit (*p.s. of* **reprendre**) continued
résidence *f.* residence
résister to resist
ressembler à to resemble
rester to remain
retardement *m.* delay
retour *m.* return
retourner to return, go back
retrouver to meet
révéler (**je révèle**) to reveal
revenir (*like* **venir**) *irreg.* to return
rêver to dream
reverdir to become green again
rêverie *f.* dreamlike state
revêtu(e) *adj.* clothed
revoir (*like* **voir**) *irreg.* to see again; **au revoir** goodbye
revolver *m.* revolver, pistol
rideau (*pl.* **rideaux**) *m.* curtain
rien: ne... rien nothing
rire (*p.p.* **ri**) *irreg.* to laugh; *m.* laugh
risque *m.* risk
risquer to risk
rituel(le) *adj.* ritual
rivière *f.* river
robe *f.* dress
rond(e) *adj.* round
rose *adj.* pink; *f.* rose
rôtir to roast
rouge *adj.* red
rougir to blush
route *f.* route
ruban *m.* ribbon; **ruban gommé** adhesive tape
rugir to roar; to bellow
rumeur *f.* rumor
ruse *f.* trick, ruse; **par ruse** by deceit

sable *m.* sand
sachant (*pr.p. of* **savoir**) knowing
sage *adj.* well-behaved
saigner to bleed
saisir to seize, grasp
saison *f.* season
sale *adj.* dirty
salle *f.* room
salon *m.* living room
sang *m.* blood
sanglot *m.* sob
sans *prep.* without; **sans appel** without appeal
sapeur *m.* military engineer
satisfaire (*like* **faire**) *irreg.* to satisfy
satisfait(e) *adj.* satisfied
saupoudrer to sprinkle
saurait (*cond. of* **savoir**) would know
sauter to jump
sauver to save
savant(e) *adj.* wise, knowing, learned; *m.,f.* scholar
saveur *f.* savor, flavor
savoir (*p.p.* **su**) *irreg.* to know; **en savoir plus long** to know more about it
séance *f.* meeting
sec/sèche *adj.* dry
second(e) *adj.* second
secours *m.* help
sécurité *f.* security
seigneur *m.* lord
Seine *f.* Seine (*river that flows through Paris*)
séjour *m.* stay
semaine *f.* week
sembler to seem
sens *m.* sense
sentiment *m.* feeling
sentir (*like* **dormir**) *irreg.* to feel, smell
seoir to suit (*archaic*)

sérieux/sérieuse *adj.* serious
serin *m.* canary
serment *m.* oath
servir (*like* **dormir**) *irreg.* to serve
seuil *m.* threshold
seul(e) *adj.* alone
seulement *adv.* only
sève *f.* sap
seyait (*imperf. of* **seoir**) was suited
si *adv.* so; *conj.* if
siffler to whistle
sifflet *m.* whistle
signe *m.* sign
silence *m.* silence
simple *adj.* simple
simplement *adv.* simply
simplicité *f.* simplicity
sœur *f.* sister
soi *pron.* oneself
soie *f.* silk
soir *m.* evening
soit (*subj. of* **être**) be
soldat *m.* soldier
soleil *m.* sun
solennel(le) *adj.* solemn
solitude *f.* loneliness
somme *m.* nap; *f.* sum
sommeil *m.* sleep; **avoir sommeil** to be sleepy
songer (**nous songeons**) to dream
sonner to ring
sorte *f.* type, sort
sortir (*like* **dormir**) *irreg.* to go out
sot(te) *adj.* foolish
souci *m.* worry, concern
souffrir (*like* **ouvrir**) *irreg.* to suffer
soulager (**nous soulageons**) to comfort
soulever (**je soulève**) to raise, raise up
soupir *m.* sigh

sourate *f.* sura (*section of the Koran*)
sourder to bubble up
sourire (*like* **rire**) *irreg.* to smile; *m.* smile
sous *prep.* under
soutenir (*like* **venir**) *irreg.* to defend; to sustain; to maintain
se souvenir (*like* **venir**) *irreg.* to remember
spectacle *m.* play, spectacle
spectateur/spectatrice *m.,f.* spectator, viewer
stratégie *f.* strategy
su (*p.p. of* **savoir**) known
subsister to subsist
sud south
suffit: il suffit it is enough (sufficient)
suffocant(e) *adj.* suffocating
suggérer (**je suggère**) to suggest
suite *f.* continuation
suivre (*p.p.* **suivi**) *irreg.* to follow; to take a course
sujet *m.* subject
sur *prep.* on
sûr(e) *adj.* sure
sûrement *adv.* surely
suspension *f.* ceiling light fixture

tableau *m.* chart; picture, painting
tandis que *conj.* while
tant: tant de so many; **tant que** as long as
taper to tap, strike
tapis *m.* rug
tapisserie *f.* tapestry
tard *adv.* late
tellement *adv.* so
témoignage *m.* witnessing, testimony; **rendre témoignage** to bear witness
témoigner to witness, testify
temps *m.* time; weather
tenir (*like* **venir**) *irreg.* to hold

terrasser: se faire terrasser to be beaten
terre *f.* land
tête *f.* head
ticket *m.* ticket
tinrent (*p.s. of* **tenir**) held
tint (*p.s. of* **tenir**) held
tinter to ring out; to peal
tirer to pull; **tirer profit** to gain an advantage;
    tirer sur to shoot at
tisonnier *m.* fireplace poker
toit *m.* roof
tomber to fall
torche *f.* torch, flashlight
tôt *adv.* early
toucher to touch
toujours *adv.* always
tour *m.* turn
tourment *m.* torment
tout (toute, tous, toutes) *adj.* all
tout *adv.* very; completely; all; **tout à l'heure**
    just now; **tout à un coup** simultaneously
traditionel(le) *adj.* traditional
trahison *f.* treason
train *m.* train; following (*of attendants*)
tranquille *adj.* calm, tranquil
transpercer to pierce through; to transfix
transporter to transport
travailler to work
travers: à travers across
tremblement *m.* trembling; **tremblement de**
    terre earthquake
trembler to tremble
très *adv.* very
trésor *m.* treasure
tressé(e) *adj.* braided
trève *f.* truce, peace
tricot *m.* sweater; jersey
tricoter to knit
triomphant(e) *adj.* triumphal

triste *adj.* sad
tristesse *f.* sadness
troisième *adj.* third
tromper to deceive
tronc *m.* trunk, torso
trop *adv.* too much, too many
trottoir *m.* sidewalk
trou *m.* hole
troué(e) *adj.* full of holes
trouver to find
TSF: le poste de TSF (télégraphie sans
    fil) *m.* radio
tuer to kill
tumulte *m.* tumult, confusion
Turc/Turque *m.,f.* Turk

uni(e) *adj.* united
uniforme *m.* uniform
uriner to urinate
utilement *adv.* usefully
utiliser to use

vacarme *m.* racket, din
vaguer to wander, roam
vain(e) *adj.* vain, useless
val *m.* valley
valoir (*p.p.* **valu**) *irreg.* to be worth; **il vaut**
    mieux it is better
vanité *f.* vanity
vase *m.* vase
vassal *m.* vassal
vaut: il vaut mieux it is better (preferable)
veau *m.* calf
vendredi *m.* Friday
venir (*p.p.* **venu**) *irreg.* to come
vent *m.* wind
ventre *m.* chest; belly
verdoyer (il verdoie) to become green
verdure *f.* greenery

vérité *f.* truth
vermisseau (*pl.* **vermisseaux**) *m.* worm
verre *m.* glass
vers toward
verser to pour; to spill
verset *m.* verse
vert(e) *adj.* green
vêtement *m.* clothing
vicaire *m.* vicar, priest
vie *f.* life
vieux (vieil, vieille, vieilles) *adj.* old
vilain(e) *m.,f.* peasant
village *m.* village
ville *f.* city
vin *m.* wine
vint (*p.s. of* **venir**) came
violent(e) *adj.* violent
violet(te) *adj.* purple
violon *m.* violin
vis (*p.s. of* **voir**) saw
visible *adj.* visible
visiter to visit
visiteur *m.* visitor
vite *adj.* quickly

vivre (*p.p.* **vécu**) *irreg.* to live
vœu (*pl.* **vœux**) *m.* vow
voilà there is, here is
voir (*p.p.* **vu**) *irreg.* to see
voisin(e) *m.,f.* neighbor
voix *f.* voice
voler to fly
volontiers *adv.* gladly, willingly
volupté *f.* voluptuousness
votre *adj.* your
voudrais (*cond. of* **vouloir**) would like
vouloir (*p.p.* **voulu**) *irreg.* to want, wish
voulu (*p.p. of* **vouloir**) wanted, wished
voyage *m.* trip
voyager (nous voyageons) to travel
vrai(e) *adv.* truly
vraiment *adj.* really, true
vu (*p.p. of* **voir**) seen

y *adv.* there
yeux (*pl. of* **œil**) *m.* eyes

zébrure *f.* stripe

Literary Credits

Photo Credits